捕手論。

CATCHER'S THEORY

梨田昌孝
Masataka Nashida
伊東 勤
Tsutomu Itoh
西山秀二
Shuji Nishiyama
野口寿浩
Toshihiro Noguchi
鶴岡慎也
Shinya Tsuruoka

はじめに

1990年代、メジャーリーグのブレーブスが誇る名投手であったグレッグ・マダックス（通算355勝、サイ・ヤング賞4度、右投げ）とトム・グラビン（通算305勝、サイ・ヤング賞2度、左投げ）が「捕手の価値」をテーマにした対談に臨んだ。結論の主旨は「（打たれようとも）投手が投げたい球種を投げさせるのが、いい捕手」であった。つまり、「投手主導」だ。

対照的に、〝名捕手あるところに覇権あり〟とも言われるのが日本野球。すなわち、「捕手主導」のリードである。かの故・野村克也捕手には確固たる持論があった。「〝リード〟なり〝配球〟とは、1つを意識させておいて、もう1つへの意識を稀薄《きはく》にさせることにある。それは『1ペア単位』で4つある。内外角、高低、緩急《かんきゅう》、ボール・ストライクだ」。

だから来日外国人投手は驚く。「アメリカ野球は早いカウントではストレート系で入り、微妙に動く変化球で打ち取る。一方、日本野球は初球を変化球系で入り、3ボールでも変化球を投じる」。

つまり、メジャーでは投手が投げなければ試合は始まらないが、日本では捕手がサインを出さなければ野球は始まらない。アメリカの「ベースボール」と日本の「野球」の文化の大いなる「相違点」である。

「力勝負」のメジャーリーグに対して、日本には「考える野球」の楽しさがある。繰り返しになるが、日本では〝名捕手あるところに覇権あり〟と言われて久しく、「捕手論」は実に奥深い。

「リード（配球）」「キャッチング、フレーミング（捕球）」「ブロッキング（止める）」「スローイング（二塁送球）」、そして「バッティング（打撃）」の5要素を、「名捕手」と呼ばれたレジェンドたちはどう考えているのだろうか。

・梨田昌孝捕手（近鉄）＝「近鉄創設初優勝」「江夏の21球」「1988年10・19」を経験。
・伊東　勤捕手（西武）＝捕手ベストナイン10度。西武黄金時代の「頭脳」。
・西山秀二捕手（広島）＝古田最強時代にベストナイン2度受賞の「打撃型捕手」。
・野口寿浩捕手（ヤクルト→日本ハム→阪神→横浜）＝「史上最強の2番手捕手」の評価。
・鶴岡慎也捕手（日本ハム、ソフトバンク）＝日本ハムで4度、ソフトバンクで3度の優勝。

このように複数捕手の技術を掲載した贅沢《ぜいたく》な書籍は本邦初だ。しかも、この５人には密接な関係がある。「捕手の技術書」というだけではなく、読み物としても「野球人間模様」を楽しんでいただけるはずだ。

パ・リーグ一時代を築いた梨田捕手の次代の捕手が伊東捕手であり、頭脳派捕手２人の活躍が交わった期間、近鉄と西武は死闘を演じた。監督としても「梨田・近鉄、伊東・西武」（２００４年）、「梨田・楽天、伊東・ロッテ」（16年～17年）は覇権を争った。

「野村ＩＤ（データ重視、活用）野球」の薫陶《くんとう》を受けた野口捕手、古田敦也捕手だが、その「古田全盛時代」に、各２度のゴールデングラブ賞、ベストナインを受賞して割って入ったのが西山捕手。

だが、阪神時代の野口捕手は、矢野燿大捕手を支えて２度の優勝を経験し、西山捕手の前に立ちはだかった。「史上最強の２番手捕手」との評価も高い。阪神バッテリーコーチは、西山捕手の現役時代の先輩・達川光男氏だった。

捕手レギュラーだった野口捕手が日本ハムを退団した翌２００３年、鶴岡捕手は日本ハムに入団。その後、日本ハム監督に就任した梨田氏に重用された。14年からソフトバンクにＦＡ移籍した鶴岡捕手は、伊東氏の愛弟子でやはりソフトバンクにＦＡ移籍していた細川亭捕手と正捕手の座を争ったのだ。

「昭和」梨田捕手（パ）、「昭和・平成」伊東捕手（パ）、「平成」西山捕手（セ）、「平成」野口捕手（セ・パ・セ）、「平成・令和」鶴岡捕手（パ）。年代別、セ・パ両リーグからバランスよくご登場いただいた。「捕手5要素」に関して、5人の「共通点」もあるが、それ以上に「相違点」が興味深い。

顕著《けんちょ》なのは、かつてミットをはめる左手人差し指の向きが「時計の針の12時」だったのが、いつしか「2時」への〝革命〟が起こり、最近では「3時過ぎ」なのである。

本書は特に読者が関心を抱く「リード面」を中心に構成した。「打者の狙い球を外《はず》す」リード面に関して、「正解はない」と言われる中、梨田捕手は「リードにはある種の定義がある」とも語ってくれた。

いずれにせよ「捕手の5要素」において、読者の皆さんには自分に適したものを探し出し、身につけていただくのが本書のテーマである。また各捕手が、「バッテリーを組んだ名投手」「対戦した強打者」たちの「どこが凄かったか」についても言及している。

詳しくは本編に譲るとしよう。


（編集部注／本文内の選手名は敬称略）

捕手論。

1 梨田昌孝

リードには「定義」がある

捕手論。

2 伊東 勤

「NOW(軸になる球種)」を考える

捕手論。

3 西山秀二

見えない「打者の心理」を見る

捕手論。

4 野口寿浩

「球種の数」だけ、決め球がある

捕手論。

5 鶴岡慎也

ストレートを「どこで」使うか

〔編集部注〕成績、記録は２０２４年現在。
本文内の選手名は敬称略。

捕手論。

1

捕手

梨田昌孝

Masataka Nashida

リードには「定義」がある

Masataka Nashida

PROFILE

- 1953年8月4日生まれ、島根県出身。178センチ80キロ、右投げ右打ち。
- 浜田高〈甲子園〉→近鉄（71年ドラフト2位～88年）。
- 現役17年＝通算1323試合874安打、打率・254、113本塁打、439打点。
- 主なタイトル、受賞＝ゴールデングラブ賞4度、ベストナイン3度、オールスター出場7度。
- 通算守備率・987。
- 通算盗塁阻止率・391（企図822、刺321）。阻止率79年・536はパ・リーグ記録（セ・リーグ記録はヤクルト・古田敦也の93年・644）
- 2000年～04年近鉄（01年優勝）、08年～11年日本ハム（09年優勝）、16年～18年楽天の監督を歴任。

01 無限の中から「最善」を引き出す

「初球」から「3ボール2ストライク」まで12種類のカウントがあり、さらに「無死走者なし」から「2死満塁」まで走者有無の状況24通りを掛け合わせる。つまり、それだけで288通りだ。

そこに「球種」「コース」「ボール・ストライク」の無限のパターンの中から最善と考えられるものを引き出す作業が、「リード（配球）」である。

例えば、0ボール2ストライクと追い込んでから打者に安打を打たれるのはバッテリーの心情的にもよくない。かと言って無駄なボール球（遊び球）を1球挟むぐらいなら、最初からストライクとボールを交互に投げ分け、1ボール2ストライクにする。

ボール球を意識させ、誘いながらのほうが打ち取りやすいのではないか。いずれにせよ、「最大5球」を使って打者を料理すればよい（6球では四球の危険性がつきまとう）。

リードに「セオリー」はあるが、絶対的なものはない」と言われるが、私はある種、限りなく絶対的に近い「定義」があると考えている。特に「初球にストライクを取る」などだ。

02

12種類のカウント別「攻め方」

以下は、「投手と打者」の組み合わせを別問題として、初回先頭打者に対するリードの「定義」を敢《あ》えて考えてみたものだ。

（初球0－0以後は、打球がフェアにならないと仮定。「積み上げ型」リードで進めた場合）

B－S

0－0　外角低目にカーブ。

0－1　初球に効果があったら、2球目も同じ球種。

1－0　1－1の「並行カウント（鉄則）」にしたい。

（投手がストライクを取りやすい球種か、打者が待っていない球種）

1－1　外角スライダーか内角シュート（打者を打ち取るイメージ）。

0－2　考え尽くした「3球勝負」がいい（4球目につながる球種）。

2－0　外角低目に変化球（初球と同じと考える）。

1－2　勝負球（決められなくても、次の球種の伏線になる）。

2－1　被打率の高いカウントなので打者の打ち気を利用する。

ストライクからボールになる球種で、ファウルを含めて「並行カウント」にする。（投手主体＝ストライクを取りやすい球種、打者主体＝タイミングが合っていない球種）
3－0　ど真ん中か、ストライクからボールになる変化球。
2－2　最も打ち取る確率が高い球種、コース（意表を突いて、その逆）。
3－1　投手のいいもの、ストライクを取れる球種。
3－2　バッテリー間の信頼関係やベンチも納得する球種を選択。

03 ストライクゾーン25分割

掲載した図「カウントのプロセス」（Ｐ055参照）を用いると、「初球」から「3ボール2ストライク」まで、12種類のカウントと、そこに行き着くまでのプロセスを分かりやすく考えられる。カウント2－2にするための最良のプロセスを例に挙げた。

1球でも打者のスイングや見送り方を観察すれば、攻め方に活用できる「打者の情報」が収集できる。背景の白い「投手有利なカウント」を進み、しかもストライクとボールを交互に投げて、角を3度も折れていることで、打者の情報を多く得られる。

また、私はストライクゾーンを9エリアに分け、その周囲に1エリアずつ加えていくことで、

「25分割」で考えてリードした（P055参照）。

04
「5球勝負」論

私は常に「対角線」のリードを頭に思い描く。例えば、右打者なら「内角高目に速い球」を見せながら、「外角低目の遅い球」で勝負するのが、万人に通用する傾向だ。

左打者だと胸元にスピードボール、外角にフォークボール、スライダー、チェンジアップの半速球なり遅い球を配する。下からバットが出るような打者だったら「外角高目」も有効な手になってくる。「そろそろ曲がり球がくるだろうな」という場面では、「外角高目ストレート」も効果的だ。

ほかにも捕手の私としての経験則、経験値からの話をしよう。先発ローテーションで完投するタイプの投手には「5球勝負」論だ。1打者5球を目安として、1イニング15球。すると3回で45球、6回で90球、9回で135球になる。

楽天に則本昂大という奪三振率の高い投手がいる。だが、三振を奪うのに7、8球を要していた。楽天監督時代の私はこう言った。「ノリ（則本）、疲れるだろう。8球×3＝24球だ。5球のうち、3つストライクを取ればいいんだよ。そうしたら肩ヒジに負担もかからず、投手生命も延びるぞ」。則本は2014年から18年まで5年連続最多奪三振のタイトルに輝いた。

同じ3回45球でも、例えば8球、30球、7球の計45球と帳尻を合わせるより、結果的なものとはいえバランスよく18球、12球、15球の計45球のほうが、疲労感は少ない。

また18時開始のナイトゲームで、1回3者連続奪三振の快調な立ち上がりの投手は、その後、打たれることが結構多い。薄暮で投球が見づらい中で三振を奪って「きょうは球が走っているぞ」と少し過信した投手が、照明がついて目が慣れてきた打者に打たれてしまう「落とし穴」と言えよう。

05 ソフトボール投げ58メートルの強肩小学生

さて野球人生を振り返れば、私は島根県浜田市立第一中学校の軟式野球部で初めてユニフォームに袖を通した。長嶋茂雄さん（巨人。当時30歳）に憧れて、第1希望は三塁手だったのだが、監督（先生）のポジションの決め方はいい加減だった（苦笑）。

「1番背の高い小島が投手と一塁を守れ。2番目の丸が投手と三塁。3番目の梨田が捕手だ」

とはいえ、小島は「小学生ソフトボール投げ」で68メートルの島根県記録保持者、私も58メートルを投げていた。1学年上には三沢淳さん（中日ほか。通算107勝）がいた。

中学時代に父親が他界したことで、私は家庭を支えることを視野に入れ、甲子園出場をステップにしてプロ入りを目標に定めた。甲子園出場を果たした浜田高校3年時、春夏とも1回戦敗退で、夏の対戦相手は蔦文也監督が率いる徳島・池田高校だった。私はプロ入りが目標だったから、甲子園の土を持ち帰らなかった。

肩が注目されたのか高校全日本代表に選抜され、高校出の捕手ながら、近鉄に1971年ドラフト2位の高評価で指名された。ちなみに同年の近鉄ドラフト1位は佐々木恭介内野手（新日鉄広畑）、代表的な捕手として、広島1位指名に道原博幸さん（芝浦工大）、西鉄（現・西武）4位指名に若菜嘉晴（福岡・柳川商高）がいた。

06 1球1球、ヒンズースクワット

私は1972年近鉄入団当初、左腕・大場隆広さん（66年中日第1次ドラフト1位→近鉄ほか。通算0勝）のカーブ、スライダーのキャッチングがとても苦手だった。カーブを（待ち構えていて）止めるのではなく、投球を追いかけてしまうので捕れなかった。右投手のカーブもスライダーも同様だった。

私はそれなりに俊足だったたし、パンチ力もあってライト方向に大きな打球も飛ばせたが、内

角球が打てなくてプロ入り直後は苦労した。テークバック時にバットを握るグリップがヒッチする（上下に動く）クセがあった。しかも、下がったときに右ヒジが背中側に入るから、バットが出てこなくて、内角球に対応できない。いろいろ考えて75年、こんにゃくのように腕や上半身をグニャグニャと揺らす〝こんにゃく打法〟を編《あ》み出した。

そんな中、まず捕手として大きな影響を受けたのは先輩投手の板東里視さん（通算79勝）だ。「座ったままではなく、ちゃんと立って投手に返球しなさい」。要するに、スクワットをしているのと同じ要領で足腰が鍛えられるし、左肩をしっかりと入れて送球する形ができるという理由だった。忠実に教えを守っていたら、みるみるうちに足腰が逞《たくま》しくなった。

07 リードの「イメージトレーニング」

私が近鉄入団当初は岩本尭監督。当時の近鉄は弱かったから、プロ2年目の1973年に60試合出場させてもらったが、1、2打席ですぐ交代させられた。

入団は私より1年あと（72年ドラフト2位）だが、年齢は2歳上で高校、社会人野球経由の有田修三捕手がいた。西本幸雄監督が就任した74年にプロ3年目の私は115試合に出場したのだが、75年と76年は有田さんが100試合以上に出て、捕手ダイヤモンドグラブ賞（現・ゴールデングラブ賞）を連続受賞した。

プロ野球は試合に出場しないと年俸に反映されないので最初は面白くなかったが、「それなら試合に出ないときは有効に使わなければもったいない」と、途中から考えを改めた。

有田さんがサインを出す直前に、ダグアウトで「この投手とこの打者なら球種はこれだ」と考えるようになった。もちろん「なぜ、その球種を投げさせるのか」という「根拠」も自分なりに持たなくてはならない。

「今の内角球に打者はファウルを打った。体勢があれだけ前に突っ込んでいたらカーブさえ打てないだろう。内角高目ストレートなら、打者は差し込まれて二塁ゴロになる。対角線上の外角低目にカーブをほうらせれば、泳いでバットの先端に引っ掛けて遊撃ゴロだろう」

「1球に対して、2つの球種」をイメージするようにした。どちらを選択するかは点差や走者の有無など、「試合の状況」次第だ。

自分の思い描いたサイン通りにコントロールよく投球がいったときは、イメージ通りの打球が飛んで打ち取れる確率が高くなっていった。そういうイメージトレーニングを重ねながら、ダグアウトで自分のリード面を磨いた。試合に出なくても「経験」は積めるのだ。

当時は現在のようにシステム手帳を持参してダグアウトに入ることはあまりなかった。小さなキャンパス手帳を尻ポケットに忍び込ませ、気づいたことをその都度、メモしていた。

08 プロ4年目22歳で「ノーノー捕手」の栄誉

1965年に三冠王に輝いた野村克也捕手（南海＝現・ソフトバンクほか）を他の捕手に言わせれば、「走者へのブロックは闘牛士のようにヒラリと逃げたし、自分の肩に自信がないから投手にスライドステップ（クイックモーション）を覚えさせた」。

その代わり、リードと打撃は抜群だった。〝野村再生工場〟との異名を取るぐらい、江本孟紀さん（71年東映＝現・日本ハム0勝→72年南海16勝）や山内新一さん（72年巨人0勝→73年南海20勝）ら、「投手の長所を引き出す」リードだった。

結果的に私の現役時代の最盛期（79年〜85年）は、古田敦也（ヤクルト）のちょうど中学生から大学生に当たり、彼がヤクルト入団時には「強肩の梨田さんの背番号8と三冠王の野村克也さんの背番号19を足して、僕の背番号27になる」と喜んでくれたものだ。

しかし、プロ入り1年目から捕手ゴールデングラブ賞を受賞した古田のように、大学、社会人野球経由ではなく、私は高校出即プロ入りの〝2段階飛ばし〟だったので、特にキャッチングは先述のごとく大変で、「えらいところに来てしまった」と苦労の連続だった。

プロ入り4年目の75年、私は左腕の神部年男さん（通算90勝）とバッテリーを組んで南海戦（藤井寺球場）でパ・リーグDH制導入後、初のノーヒットノーランを達成した。与四死球4、奪三振1、スコアは1対0。緊張してスライダーのサインを出したつもりが、カーブのサインになっていたりした。

2022年、高卒1年目の松川虎生（ロッテ）が佐々木朗希とバッテリーを組んで、最速164キロのストレートを軸に150キロに迫るフォークを配し、完全試合を達成した。千葉マリンスタジアムは強風が吹いてフォークが揺れてナックルボールのようになり、捕りづらい。振り逃げでもされたら完全試合を逃がしてしまう。そう考えると松川のキャッチングもリードも凄いと感心したものだ。

09 大監督に相談され、捕手としての自信

私が捕手としてやっていく自信めいたものをつかんだ「ターニングポイント」がある。プロ6年目の1977年、日生球場のブルペンで、ともに右投げの井本隆さんと太田幸司さんが並んで投球練習をしていた。ダグアウトに戻ったとき、西本幸雄監督が私におもむろに近づいてきて問うたのだ。

「おいナシ（梨田）、投手を代えようと思うんやが、どうや？」

「井本さんにだったら代えましょう。太田さんにだったら、今の投手を続投させましょう」

太田さんがよくないということではなく、その日の試合は接戦だったため当時は力投派で制球を崩しやすい太田さんより、ボール球を駆使しながら打者を翻弄《ほんろう》できる井本さんのほうが適任だと思った。

大毎（現・ロッテ）、阪急（現・オリックス）を優勝に導いた慧眼《けいがん》の西本監督に、私の捕手としての目が信頼されたのだと大いに自信になった。一方、自分の発言に責任を持たなくてはならないと、さらなる向上心もかきたてられたものだ。

また、西京極球場（現・わかさスタジアム京都）での試合、私はマスクを脱ぎ捨ててファウルボールを追ったのだが、ダグアウト近くにバットケースが設置されていた。衝突寸前の私とバットケースとの間に、大監督の西本さんが身を挺してかばってくれたのは、私もそれなりの選手に成長できたのかと嬉しく、感激したものだ。

10 会心のリードで悲願の初優勝

「してやったり」の会心のリードは1979年、2勝0敗で王手をかけた阪急（現・オリックス）

とのプレーオフ（西宮球場）。2対1で迎えた延長10回裏、2死二塁で打席は簑田浩二さん（通算1286安打）。

マウンドには高卒プロ2年目、3連投の山口哲治。この年、先発、抑えにフル回転し、最優秀防御率のタイトルを獲得していた。ストレートが滅法速いタイプではないが（140キロ）、武器のシュートにスライダーを絡ませた。奪三振率（9イニング平均3・46個）は高くないが、与四球率が低い（同1・94個＝2・00個以内なら抜群のコントロール）投手だった。

阪急は前年、大杉勝男さんの〝疑惑のアーチ（1時間19分の中断）〟が元でヤクルトに敗れて日本一4連覇をすんでのところで逸し、雪辱に燃えている。ミノ（簑田）さんにシュートを投げたらレフトポール際にヒヤリとする痛烈な当たりを打たれ、一瞬私は肝を縮めた。タイムを取ってマウンドに歩み寄った。

「テツ（山口）、今の打球は打った瞬間、ファウルだった。お前の1番いい球はシュートや。シュートで打たれたら、俺に悔いはない。テツはどうだ？」「いいです、行きます！」。

カウント1ボール2ストライク。次に投げたシュートを簑田さんは空振り三振。近鉄は球団創設29年目にして悲願のリーグ初優勝の美酒に酔った。

シュートを打たれれば私が責任をかぶればいいと思っていた。バッテリー間18・44メートルにおいて、投手と捕手は指（球種のサイン）で会話をかわす。だが、ここ一番では、投手と直接コミュニケーションを取ったほうがいい。そして、たとえ勝負に敗れたとしても、バッテリーとチーム全員が納得する球種を選択しなくてはならない。それがリードにおいて大事だと思う。捕手は「チームの司令塔」たるべきなのだ。

11 福本VS梨田「俊足と強肩の攻防」

「世界の盗塁王」福本豊さん（阪急）は年間106盗塁（1972年）をマークする俊足だったが、私は79年に盗塁阻止率・536のパ・リーグ記録を樹立し、ダイヤモンドグラブ賞（現・ゴールデングラブ賞）を受賞した。

投球を捕球してから握り替えていたのでは間に合わない。投球をミットという「壁」に当て、跳ね返った球を送球する訓練を私は繰り返した。「二塁盗塁は、投球1・2秒→捕手二塁送球（ポップタイム）1・8秒＝3秒の攻防」と言われるが、私は1・7秒でいけた。（編集部注／走者の、二塁間走は3・2秒前後で走者不利だが、盗塁阻止はバッテリーの共同作業なので、実際の阻止率は4割前後になる）

それだけに80年、フク（福本）さんに通算800盗塁（三塁盗塁）を決められたのは実に悔しい思い出だ。フクさんは「記念の盗塁をナシ（梨田）から」と狙っていたに違いない。

投手は井本隆さん、打席はボビー・マルカーノで、彼の初球にはカーブを投げさせることが多かった。フクさんは俊足というだけではなく、投手の牽制《けんせい》のクセや、次打者の1、2球目に何の球種が多いかの配球を研究済みだった。

はなから三塁送球ができないくらい、いいスタートを切られた。「勝負」してセーフだったらまだ納得もいくが、あのときは同じ土俵にさえ立てなかったわけだ。あるプロ野球記者がフクさんに「盗塁のコツ」を訊《たず》ねると、「盗塁は目でするもんや」との答えが返ってきたらしい。

だが、2年連続セ・リーグの盗塁王・高橋慶彦（広島）を私が80年オールスターで立て続けに2度刺すと、福本さんは我がことのように喜んでくれた。「この強肩・梨田から俺は走ったんだぞ！」と。

12 外国人投手までもがクイック技術向上

「60個以上の盗塁王」は、セ・リーグでは2005年赤星憲広（阪神）、パ・リーグでは11年本多雄一（ソフトバンク）が最後。最近の盗塁王タイトル獲得者は30個前後だ。要因としては投手のクイックモーションの技術向上だろう（24年セ盗塁王は阪神・近本光司19個）。

今や走者に盗塁のチャンスがあるのは「走らせても本塁に還さなければいいだろう」という野球文化である外国人投手の来日直後ぐらいしかない。

手足が長くクイックが苦手だったライデル・マルティネス（中日。通算166セーブ）も、日本球界で生きていこうとクイックが上達した。最近は、ロベルト・オスナ（ソフトバンクほか。MLB通算155セーブ、NPB通算60セーブ）など、メジャーで実績のある外国人ストッパーもいるが、クイックが速くないと日本のストッパーとして1点差で使えないのである。

13
「アリ・ナシ（有田・梨田）」で1年計30発

私の現役時代は「アリ・ナシ（有田・梨田）」コンビと呼ばれ、有田さんが1975年と76年にダイヤモンドクラブ賞（現・ゴールデングラブ賞）を受賞、続いて私が79年、80年、81年、83年と受賞。

しかも、79年は私97安打（打率・272）、19本塁打＋有田さん26安打（打率・271）、8本塁打。翌80年は私105安打（打率・292）、15本塁打＋有田さん63安打（打率・309）、16本塁打。

私も有田さんも一塁を守った。当時、〝サモアの怪人〟の異名を取ったトニー・ソレイタ（日本ハム）が、80年1試合4本塁打、81年本塁打王と、左打席から強烈な打球を飛ばしていた。日本ハムの本拠地・後楽園球場（現・東京ドーム）は人工芝で、打球スピードは加速する。ふだんはマスクとプロテクターとレガースの防具を装着しているのに、生身の体で約27メートルしか離れていない一塁を守るのだから、生きた心地がしなかった（苦笑）。

それでも5、6年にわたり私と有田さんの捕手2人で年間約30本塁打をマークした。

14 「捕手複数制」が必要な理由

捕手で全試合フルイニング出場したのは、約90年の日本プロ野球史でも1963年野村克也さん（南海）150試合と2003年城島健司（ソフトバンク）140試合の2人しかいない。

しかし、チーム構成として後釜が育っていなかった。城島はその後、MLBマリナーズに移籍するのだが、ソフトバンクは03年日本一以来、案の定10年まで覇権から遠ざかった。

同様に古田敦也捕手兼任監督（ヤクルト）が現役引退の翌08年から14年まで、谷繁元信捕手兼任監督（中日）が現役引退の翌16年から24年まで、両チームは優勝できていない。

私の現役当時はプロ野球が「本塁ベース上の格闘技」の時代。外国人走者のヒジ打ちやヒザ蹴りをまともに食らった。私は走者をブロックする左ヒザの内側側副靭帯や内側半月板の損傷

15 坂本のキャッチング、岸田のしぶとさ

をはじめ、満身創痍《まんしんそうい》だった。

16年から本塁上での走者と捕手の衝突を禁じる「コリジョン・ルール」が導入されたのは、現在の捕手がケガをせず試合出場するという意味においては喜ばしいことだ。

ただ、メイン捕手の休養、次代の捕手に経験を積ませる意味で、1週間6連戦で1試合とか、大差の試合では若手の捕手にマスクをかぶらせることも必要だ。「捕手複数制」が絶対いいというわけではないが、「1人捕手」だとリードが単調で偏《かたよ》ってしまうときもある。

投手に合わせて捕手を代える。ベテラン捕手が若手投手のいい味を出すのも1つの策だが、先述の佐々木朗希と松川虎生（ロッテ）のような若手投手と若手捕手の組み合わせも球種サインに首を振りやすくてコミュニケーションを取れる場合もある。

近鉄は有田さんが退団以降も、ロッテとダブルヘッダーを戦った伝説の「1988年10・19」のときに私（52試合）、山下和彦（117試合）、古久保健二（29試合）、さらに光山英和（22試合）がいた。01年優勝時も的山哲也（101試合）と古久保健二（53試合）の「捕手複数制」がチームの1つの伝統のようになっていた。

2024年は各球団とも「捕手複数制」をしいていた。

12球団を見渡すと、セ・リーグの阪神は梅野隆太郎と坂本誠志郎、広島は坂倉将吾と会澤翼と石原貴規、DeNAは山本祐大と戸柱恭孝、巨人は岸田行倫と小林誠司と大城卓三、ヤクルトは中村悠平と松本直樹、中日は木下拓哉と宇佐見真吾と加藤匠馬。パ・リーグのオリックスは森友哉と若月健矢、ロッテは佐藤都志也と田村龍弘、ソフトバンクは甲斐拓也と海野隆司、楽天は太田光と石原彪、西武は古賀悠斗と炭谷銀仁朗、日本ハムは田宮裕涼と伏見寅威といった具合だ。

私が特に注目しているのは坂本誠志郎だ。あまり打てないが、キャッチングやリードに粘りがある。キャッチングは左ヒザが邪魔になるので、ミットをはめた左ヒジが左ヒザより前に出なくてはいけない。私が「坂本は安定していて上手い」と評すると、岡田彰布監督は「あいつは足が短いからな」と冗談めかして返答してきた（笑）。

巨人では打撃の大城と強肩の小林が争っていたが、抜擢《ばってき》した岸田が伸びてきた。岸田は攻守ともに泥くさく食らいつく姿勢が見られる。捕手出身の阿部慎之助監督だけに就任2年前のディフェンスチーフコーチ時代からの深謀遠慮《しんぼうえんりょ》があったのだろう。

余談ではあるが、岸田の父・辰則さんは兵庫・川西明峰高時代、古田敦也（のちヤクルト）

の1年先輩であり、古田にレギュラーポジションを奪われたそうだ。言わんとすることは、そのような土壌で育《はぐく》まれた岸田は「捕手マインド」を持ち合わせているに違いない。

あと、「打てる捕手」なら田宮裕涼と佐藤都志也だ。

16 右の村田兆、江川、柳田豊の「球質」

私が「実際に投球を受けた」印象深い投手を列挙していく。

まず右投手は、村田兆治さん（ロッテ。通算215勝）。言わずもがな伝家の宝刀はフォークボール。ワンバウンドも多く、暴投の日本記録保持者であり（現役23年間で通算148個）、ロッテの捕手がよく後逸していたのを見て、私は受けてみたかった。1979年と80年のオールスターでバッテリーを組んで、強く大きなフォークをノーサインで受けさせてもらい、（キャッチング、ブロッキングの観点から）凄く勉強になった。

84年日米野球で受けた江川卓（巨人）の投球は「品がいい」という表現がふさわしい。マリアノ・リベラ（ヤンキース。通算652セーブ）のカットボールがホップして浮いてくるイメージ。当時、ストレートとカーブだけで通算100勝近くしていたのも納得の球だった。

サイドスローの柳田豊さん（通算110勝）。阪急時代の西本幸雄監督が惚《ほ》れ込み、近鉄監督就任後、主砲・土井正博さんを放出してまで、太平洋（現・西武）から交換トレードで獲得した。切れ味鋭いストレートと緩《ゆる》いカーブで豪打・阪急打線を翻弄《ほんろう》し、78年から4年連続2ケタ勝利を挙げて近鉄悲願の初優勝に貢献した。ちなみに柳田悠岐（ソフトバンク）の遠縁にあたるらしい。

17 左の江夏、阿波野、木田勇の「外角低目」

左腕は近鉄の先輩・鈴木啓示さんはあまりに当然なので、敢えてそれ以外を挙げる。

1981年と83年のオールスターで投球を受けた江夏豊さん（当時・日本ハム）の「外角低目（アウトロー）」のコントロールは絶妙で、寸分の狂いもなかった。

外角低目と言えば、江夏さんに比べれば若手だが、阿波野秀幸（近鉄。通算75勝）の外角低目のストレートとシンカーのコントロールは抜群だった。ロッテとの伝説のダブルヘッダー「88年10・19」のときも、私は阿波野の投球を受けている。

木田勇（日本ハム。通算60勝）は、対戦投手として印象深い。速いストレートを意識させられて、緩いパームボールとのコンビネーション。西本幸雄監督から「何でお前ら、あんな2メートルも前にある球を振るんや！」と怒鳴られても、無回転の遅いパームに思わず手が出てしまう。事実、プロ1年目の80年にいきなり22勝を挙げ、最多勝、最優秀防御率、最多奪三振、最高勝率、新人王、MVPというタイトルと賞を総ナメにした。

逆に考えると「リード」とか「配球」というのは「打者の目の錯覚《さっかく》」を誘うものだ。ストレートに意識があるから、今度は変化球で空振りさせようと思うと、その変化球が高目に甘く浮いて打者のタイミングが合ってしまったりする。やはり、リードは難しい。

18 「速かった」星野伸、郭泰源

「投球を受けてみたかった」投手は、星野伸之（オリックス。通算176勝）。極限までコンパクトにしたテークバックからの投球は、歴代の対戦投手の中で1番速く感じた。

最速130キロのストレート、120キロ前後のフォークボール、80キロ前後のカーブ。カーブは捕手の中嶋聡が素手で捕ったこともあった。緩急差50キロによる目の錯覚で、ストレートの体感速度が物凄く速く感じた。変な話、150キロの速球にはバットが出ても、星野のストレートには金縛りにあったようで手が出なかった。その証拠に現役19年間で通算2041三振を奪っている（史上22位）。

一方、〝オリエンタル・エクスプレス〟の異名を取った郭泰源（西武）のストレートとスライダーは本当に速かった。スライダーでも当時142、3キロは出ていたのではないか。それも、力を入れて投げていない。ムチのようなしなやかな「腕の振り」だった。言わば落合博満の投手版だ。近鉄の投手はストレートを目一杯投げても142、3キロだったのに（苦笑）。

当時の西武先発陣は郭、工藤公康、渡辺久信、渡辺智男、石井丈裕、新谷博と質量とも豊富だった。3連戦で1点取れるかどうか。逆に西武は1点あれば勝てる。森祇晶監督が1回から送りバントをしてきたのもうなずける。

19 門田との「駆け引き」と「騙《だま》し合い」

1980年、久保康生（通算71勝）とバッテリーを組んで門田博光さん（南海。通算567本塁打）と相対した。門田さんはその年、41本塁打を放った。初球内角高目のストレートに門田さんは変化球でも待っていたのか、完全に振り遅れの空振り。2球目もまったく同じコース、球種で同じような空振り。今度はストレートに照準を合わせていたようだった。

3球目、私と久保の意思は一致した。同じサインだ。カウント0ボール2ストライクのとき、3球勝負にいったほうがいいと私は思っている。

同じ投球で「やった、三振だ！」と思いきや、捕球直前、門田さんがバット一閃《いっせん》、打球はライトスタンドに突き刺さった。ダイヤモンドを一周してきた門田さんは本塁ベースを踏んだとき、私を見てニヤッと笑った。痛恨の同点2ランで、近鉄は敗れた。

同い年の親友であるオチ（落合博満＝当時・中日監督）に四半世紀を経てそのことを話すと、いつものように冷静な口調で、唇に少し笑みを浮かべながら語った。

「ナシ（梨田）よ、そうやってバッテリーが、リードに理想と浪漫《ろまん》を求めるから、俺たち打者は成績を残せるんだ」

すなわち、門田さんは〝三味線をひいた〟ということだろう。リードは「打者の目の錯覚」を誘うものであることを先述したが、バッテリーと打者の対戦は「駆け引き」「騙し合い」の勝負の連続でもある。カウント0ボール2ストライクのとき、投手に「いつもより強く意識して腕を振らせる」ことを私はこの対戦から学んだ。

20 落合は「外角球を真ん中に移して」打った

落合博満（ロッテほか）は、間違いなく右打者NO・1だった（1982年、85年、86年三冠王）。「打者が投球を見送って、捕球」というタイミングになって、遅れてバットが出てくる。

つまり、実際はバットスイングがかなり速いはずだが、不思議と速く見えない。だから、ピンチでダグアウトの西本幸雄監督を見やると、豪快なスイングの門田博光さん（南海）には「敬遠」なのに、フワッと振ってくるオチ（落合）には「勝負」の指示が出る。

江夏豊さん（当時・日本ハム）いわく「振り始めから振り切りまでのスイングスピードが速いのが門田さん、ミート時のスイングスピードが速いのが落合」という表現になる。

オチは満塁で敬遠してもいいと思っていた。長打力は防ぎようがない。レフト、センター、ライトとまんべんなく本塁打を打てる。三振も少ない。走者一掃の二塁打で3点だが、押し出し四球なら1点に抑えられる。

文献によると「内角が得意で、外角低目が苦手だった」（落合）そうだ。だから打席の1番後ろ、本塁ベース寄りに立って、「懐《ふところ》（好きな内角）に投げさせ、外角球を体に近づけて」打っていたのかもしれない。

私が対戦したころのオチは打席に入る前、移動式の本塁ベースがズレて曲がっていないか、打席のラインが歪《ゆが》んでいないか、神経質に確認して、球審に修正を要求した。

打席の軸足の足場の地面を球1個分（約7センチ）から1個半分、右足で深く掘るのもルーティーンだった。右足首が隠れるほどだ。だからストライクゾーンの本来の低目が、落合にとって真ん中ぐらいの高さになって快打を飛ばしていた。

85年、86年と最優秀救援のタイトルを獲得した石本貴昭（近鉄）の武器は、左腕からクロスファイアの右打者内角ヒザ元スライダー。オチは「さあ、ナシ（梨田）、打つぞー！」とうそぶいて、その球を川崎球場の場外に予告本塁打した。「こいつは本物の天才だ……」と、私は舌を巻くしかなかった。

21 野球はバッテリーが7割

オチ（落合博満）の通算打率・311は史上9位で、右打者では1位だ。しかし、2年連続を含む3度の三冠王のオチをもってしても通算打率は約3割。換言すれば7割はバッテリーに軍配が上がるということだ。オチの中日監督時代、8年間で4度リーグ制覇。その4度のチーム防御率すべてがセ・リーグ1位だった。最後の2011年優勝など、チーム打率・228はセ・リーグ最下位である。それでも捕手・谷繁元信がリードし、投手力を中心とした守り勝つ野球で、中日の黄金時代を築き上げたのだ。

長いプロ野球史で打線上位の優勝は、「1979年近鉄・猛牛打線（チーム防御率1位）」「85年阪神・猛虎打線（同4位）」「01年近鉄・いてまえ打線（同6位）」「03年ダイエー・ダイハード打線（同1位）」「18年西武・山賊打線（同6位）」ぐらいのものだろう。私は79年に現役捕手として、01年は監督として関わっている。

さらに09年に「梨田・日本ハム（チーム防御率1位）」は、パ・リーグを制覇した。日本シリーズで「原辰徳・巨人」と対戦したが、願わくば「落合・中日」と「捕手リード対決」もしてみたかった。

22 リードして楽しいコントロール主体投手

鈴木啓示さんは私より6歳上で、プロ入り2年目から5年連続して、20勝と最多奪三振のタイトルを獲得。のちに日本歴代4位の通算317勝を挙げる別格の大投手。私の入団時にはすでに通算100勝投手だった鈴木さんは、バッテリーを組むとノーサインが多かった。

「バッテリーを組んでいて楽しかった」のは、3歳上の井本隆さん（通算81勝）。近鉄が球団創設29年目の初優勝を遂げた1979年と翌80年には連続15勝。両チームとも初の日本一をかけた『江夏の21球』で有名な79年日本シリーズ対広島では第1戦、第4戦、第6戦に先発（2勝1敗）。

井本さんはコントロールがそれなりによくて度胸満点。初球ストレートど真ん中でストライクを取った。ときおり右打者の懐をえぐる鋭いシュートでバットをへし折った。カーブ、スライダー、パームボールも持っていた。

「バッテリーを組んでいて勉強になった」のは、清俊彦さん（通算100勝）。私が出したサインに首は振らなかったが、自分の考えと合致しなかったときは、カウント3ボール1ストライクになったとしても、ボール球を投じた。私がプロ入りした72年に19勝を挙げ、最優秀防御率のタイトルに輝いている。

清さんはそれだけコントロールに自信があったのだし、私は「投手にとってコントロールが大事」なことを肌で感じた。スピードボールは魅力的だが、いくら球が速かろうと、どこに来るのか分からない投手は、（リードの計算が立たないから）捕手の私は好きではない。

捕手が出したサインに首を振り、自分が投げたい球種を強引にほうる投手も存在した。他球団のある捕手は、打者にその球種を教えていた。捕手が出すサインには「根拠がある」ことを、また投手が首を振るのならその根拠がなくてはいけないことを、その投手に理解させるためだ。

23 1番は「コントロール」、次に緩急

投手にとって「スピード」「コントロール」「緩急（変化球）」の何が1番大切なのか。よく聞かれるが、「絶対にコントロールだ」と断言できる。コントロールが悪い投手はリードのし

ようがないが、コントロールがいい投手は、いわゆる「試合が作れる」のだ。

「コントロールがいい」というのは、ただ単にストライクを投げられることではない。2ストライクに追い込むと、往々にしてど真ん中近くに投球が集まる投手がいる。逆に、ストライクゾーンのど真ん中から四隅に散っていかなければいけない。そこに「緩急」が付随していけばいい。

ただ変化球を投げるとき、「腕が緩む」と呼ぶのだが、体が早く開いて腕の振りが遅くなって、腕の振りが相手打者に見やすくなってしまうのはよくない。宮城大弥（オリックス）の高卒プロ1年目の2020年がそうだったが、そのクセを2年目に克服した。

左腕・宮城は、投手板一塁側を踏んでクローズド気味の投球フォームからストレート150キロ、フォークボール135キロ、スライダー127キロ、チェンジアップ122キロ、カーブ92キロを投げ込む。腕の振りを同じにして、球種を見分けづらくして、以来3年連続2ケタ勝利をマークした。

24 ベテラン左腕・石川と和田の「腕の出どころ」

石川雅規（ヤクルト。通算186勝）や和田毅（ソフトバンク。日米通算165勝）は「腕の出どころが見づらい」から、45歳近くになっても結果を残し、現役を続けられている。

「なぜ打たれたのか」「なぜ抑えられたのか」、捕手はその疑問や原因を考えることが大事だ。なぜなら次のリードにおける球種の選択に活かすことができる。

投手を1番近くで見ている捕手には、クセを矯正するアドバイスにより、投手を育成することができると思う。ただ、短所をあれもこれも言われると、やる気を失うのが人の常。だから簡潔に言ってやる。

私は変化球を投げるときに腕が緩む投手に対してこう言った。「変化球！と言いながらストレートを投げたり、逆にストレート！と言いながらカーブを投げてごらんよ。ブルペンで遊び心でいいからな」。「腕が緩む」ということは、下半身が早く開くわけだから、逆のことを言いながら下半身を同じように使っていれば、腕の振りもだいたい一緒になるだろうという目論《もくろ》見《み》がある。

25 「分業制」＋「ベンチ入り増」＝「投高打低」

ひと昔前は打率3割打者がセ・パ両リーグとも10人前後存在したのが、ここ2、3年は2、3人しかいない。語弊《ごへい》をご容赦《ようしゃ》願うと、かつては先発投手が降板すると、「敗戦処理」の投手から2安打ぐらい積み上げようと各打者は躍起になった。現在は分業制が確立し、2番手以降の中継ぎ投手もしっかりした投球で安打がなかなか打てない。

しかも2020年以降「コロナ特例」「感染症特例」で出場選手登録29人→31人、ベンチ入り25人→26人、外国人の出場登録4人→5人と増えた。これが「投高打低」に拍車をかけている。

なぜなら、それに伴う「1軍投手枠」が1、2人増えたので、従来だったら登板後に選手登録を抹消（10日間）していたのを、抹消しなくても1日休ませて、ベンチ入りさせられる。すなわち、投手層が厚くなる。

さらに球速150キロ以上を投げる投手がかなり増え、変化球の種類も多くなった。私が知っている限りではダルビッシュ有（日本ハム）が11種類もの持ち球があった。「投高打低」になるのもある意味、必然と言える。

私自身、ひと昔前の現役捕手としては、まず最高の完全試合、ノーヒットノーラン、完封試合……と狙っていった。だが、監督に就任してからは勝利から逆算して、先発投手をどうやってリリーフ陣につないでいこうか（継投）を考えるようになった。

26 「捕手5要素」は密接に連動している

捕手たる要素として「リード」「キャッチング」「ブロッキング」「スローイング」「バッティング」と4つ、5つあるが、優先順位をつけるのはプレーするレベルにもよる。

まず、正しい受け方をする「キャッチング」がやはり基本だ。レギュラーになって、今度は「リード」力を高める。盗塁を刺す「スローイング」も捕手の役割の大きな要素になる。なぜなら盗塁刺というのはアウトを1つ増やすことと同時に、走者がいなくなることだ。言わば、2倍美味しい。

だが、走者を刺すのはある程度「キャッチング」がすぐれていなければ、投球を右手にうまく持ち替えて「スローイング」できない。投手にワンバウンド投球をほうられても「ブロッキング」で止めれば投手に安心感を植えつけられるし、走者を進塁させない。無死一塁でワンバウンドを後逸すれば、無死二塁のピンチになってしまう。

それ以前に「リード」がよければ、そもそも走者を出していない。いずれもが連動しているから、捕手の4要素、5要素に優先順位をつけるのは難しいのだ。

27 梨田流リードは「打者の弱点を攻める」

「リード」なり「配球」というのは、投手の球速、それぞれの球種のストライク率を捕手が把握しておかなくてはならない。フォークだったらどのような軌道で落ちてくるのか、どのぐらいの確率で抜けてしまうのか。さらにその投手の性格的な部分も加味すべきだ。ピンチになると腕が縮こまって振れない投手もいる。

「投手の長所を引き出すリード」「打者の弱点を攻めるリード」とよく言われるが、私は基本的に後者のタイプだった。

体重移動のうまい打者は体格以上にパンチ力を秘めている可能性が高いし、スイング始動の遅い打者に対して半速球は危険である。ほかにも、バットが内側から出る「インサイドアウト」の右打者は右打ちがうまく、右の腕力が勝っているような右打者は外角球に強くて内角球に差し込まれる傾向を持つ。

だが、満塁で打者の内角を攻めたくとも、内角に投げるのが苦手な投手もいる。そのあたりがリードの難しいところだ。サヨナラ負けのピンチで、「キャッチング」や「ブロッキング」が苦手な捕手はフォークのサインを躊躇《ちゅうちょ》する。そうやって多くの球種の選択肢の中から、いくつかの球種を消去していく。そうするとスライダーぐらいが限界だろうなどの結論に至る。

冒頭でも記した繰り返しになるが、リードとは「球種」「コース」「ボール・ストライク」の無限のパターンの中から「最善と考えられるものを引き出す」作業であり、「相手打者に最も合わない球を投げさせる」のが「リードの基本」だということになる。

28 「積み上げ型リード」と「逆算型リード」

リードには1つずつストライクを重ねていく「積み上げ型」のリードと、決め球から逆算して組み立てる「逆算型のリード」がある。私は「積み上げ型」のリードだった。

野茂英雄（近鉄ほか）のような「絶対的な決め球」を持つか、江夏豊さんのような「絶妙なコントロール」を持つ大投手でないと、なかなか「逆算型のリード」は難しい。

1979年日本シリーズ近鉄対広島。井本隆さんが第1戦、第4戦、第6戦に先発（2勝1敗で日本シリーズ敢闘賞を受賞）、私とバッテリーを組んだ。

だが、第7戦（大阪球場）3対4で迎えた9回裏、近鉄の攻撃。無死満塁から佐々木恭介さんが空振り三振。石渡茂さんがスクイズを外され、三塁走者の藤瀬史朗が挟殺。石渡さんが空振り三振。広島が初の日本一に輝いた。いわゆる『江夏の21球』だ。

石渡さんのスクイズを外した〝神業カーブ〟ばかりにスポットライトは当たるが、江夏さん（当時・広島）からすれば、その前の打者の佐々木さんがキーポイントだったらしい。江夏さんは当時をこう述懐《じゅっかい》している。

「(佐々木)恭介への5球目、カウント1ボール2ストライクから内角低目にストレートのボール球(見逃し)が決まった瞬間、100パーセントの自信を持った。決め球から逆算した、『21球』の中で最高の球だった。最後(6球目)に投げると決めていたボール球のカーブは、直前の5球目ストレートと同じ軌道から落とす。打者の目の錯覚で空振りを奪える。狙って取る空振り三振だから意味がある。見逃されたら単なるボール球に過ぎない」

8回裏に代打に出た私は9回表のマスクをかぶった。9回裏、9番打者の代打・佐々木さんの3球目、三塁ライン際を襲った際どい打球がファウルと判定されたのは残念でならない。

29 捕手のフィールディング

バント処理、本塁から3メートル内が捕手の守備範囲である。人工芝は球足が速いし、天然芝は打球が止まることも考慮に入れ、ダッシュに注力すべきだ。

「本拠地で内野が天然芝」の球場は、セ・リーグではMAZDA Zoom－Zoom スタジアム広島、パ・リーグではほっともっとフィールド神戸(準本拠地球場)、楽天モバイルパーク宮城、エスコンフィールドHOKKAIDO(2025年から人工芝)だ。

捕手の守備として大事なのは、内野ゴロにおける一塁へのカバーリングだ。全力でなくとも、スタートを切っておかなくてはならない。

ランダウン（挟殺）プレーは「一、二塁間」は一塁に、「二、三塁間」と「三、本間」は三塁にバックアップに入る。「三、本間」の2死の場合はチェンジにするため時間をかけてもいいが、無死と1死の場合は後位の走者を進塁させないよう、三塁に追い込んで早めに三塁走者をアウトにする。

また、捕手は本塁ベースを空けないほうがいいのだが、「二、三塁間」と「三、本間」のランダウンプレーの場合、一塁手に本塁カバーを指示することを忘れてはならない。

30 昭和の捕手は「縁の下の力持ち」

「リードを打撃に活かす」とはよく言われることだが、私の通算打率は.254（通算874安打）だった。「投手との勝負」というよりも「捕手同士の騙し合い」という雰囲気だった。

捕手のサインに投手が首を振ったら「投手主導」の球種だし、首を振らなかったら「捕手主導」の球種だ。ならば、「こういう球種を投げてくるだろう」と予想した。

「信頼される捕手」とは、安心感と安定感がある捕手ということだろう。本来なら先発投手に勝ち星がつき、中継ぎ投手にホールドがつき、抑え投手にセーブがつくのが投手陣には喜ばしいのだろうが、最終的にはチームの勝利につながる「勝てる捕手」が求められる。そして（運が）ついている捕手だ。

「捕手の醍醐味《だいごみ》」「捕手冥利《みょうり》」と聞かれても、ひと昔前、「平成」の古田敦也（ヤクルト）はスポットライトを浴びた。ふた昔前、現役時代を１９８８年で終えた私のような「昭和」の時代の捕手は、投手が完投すれば完投した投手の手柄だという認識だったし、報道だった。

私は、捕手は「縁の下の力持ち」でいいと思っていたので、そのほうが幸せかもしれない。でもたまに、ヒーローインタビューのお立ち台で「捕手の梨田のリードのおかげできょうは勝てた」と言ってくれる投手もいて、嬉しくて、やりがいが出たのを懐かしく思い出す。

ストライクゾーン分割表

梨田昌孝

「カウントのプロセス」

投手有利	0B-1S、1B-1S、 0B-2S、1B-2S、2B-2S
投手と打者が五分	0B-0S、2B-1S、3B-2S
打者有利	1B-0S、2B-0S、3B-0S、3B-1S

■ 投手有利
■ 投手と打者が五分
■ 打者有利

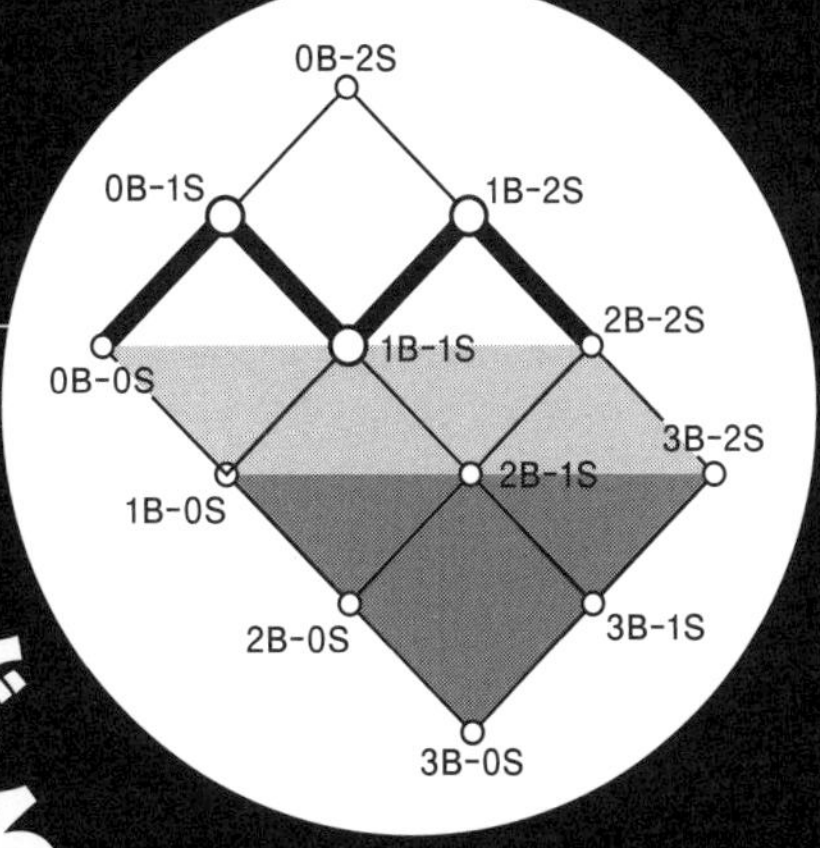

25分割でリードする

a	b	c	d	e
p	1	2	3	f
o	4	5	6	g
n	7	8	9	h
m	l	k	j	i

投手方向から見た図

梨田昌孝の仮想リード

右投手 VS 左打者

初球は外角低目変化球でストライクを取る。ストライクとボールを交互に、外角低目と内角高目を「対角線」で攻める。

1球目 ＝ 外角低目スライダーは、見逃しストライク …………………………… 0B－1S
2球目 ＝ 内角高目ストレートは、ボール ………………………………………… 1B－1S
3球目 ＝ 真ん中低目フォークボールは、空振り ………………………………… 1B－2S
4球目 ＝ 外角低目カーブまたは内角高目ストレートは、ボール ………… 2B－2S
5球目 ＝ 外角低目スライダーで勝負

球種の凡例

○	ストレート 144～150km/h
◁	シュート 135～140km/h
⬭	カット 135～140km/h
▽	フォーク 130～135km/h
▷	スライダー 128～135km/h
□	チェンジアップ 120～125km/h
△	カーブ 115～120km/h

配球図の見方

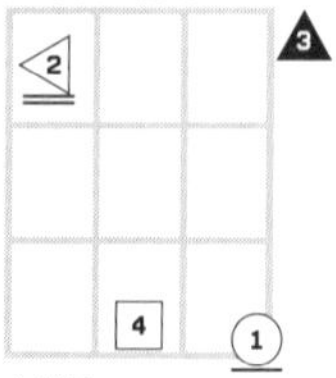

1球目
ストレート／ファウル
（線1本）
2球目
シュート／空振り
（線2本）
3球目
カーブ／ボール（白抜き）
4球目
チェンジアップ／見逃し

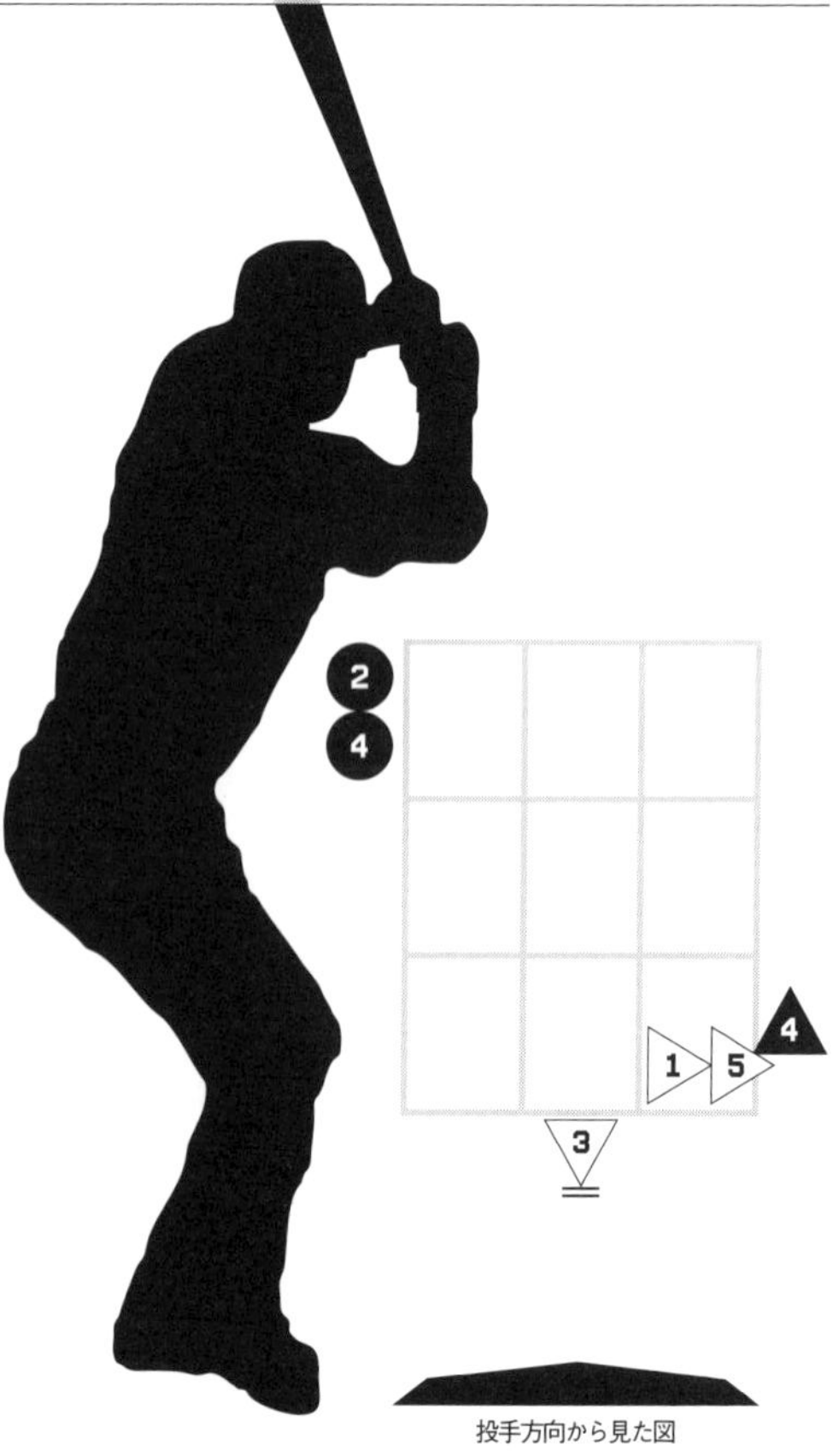

投手方向から見た図

梨田昌孝の仮想リード

右投手 VS 打ち気満々の右打者

初球、打ち気満々のところ、外角逃げていくスライダーで空振りを奪う。3球目、シュートに食らいつき、引っ張って三塁ゴロか遊撃ゴロのイメージ。

1球目 ＝ 外角低目スライダーは、
空振りストライク
………………… 0B－1S

2球目 ＝ 内角高目ストレートは、
のけぞらせるボール球
………………… 1B－1S

3球目 ＝ 内角低目シュートは、
勝負球

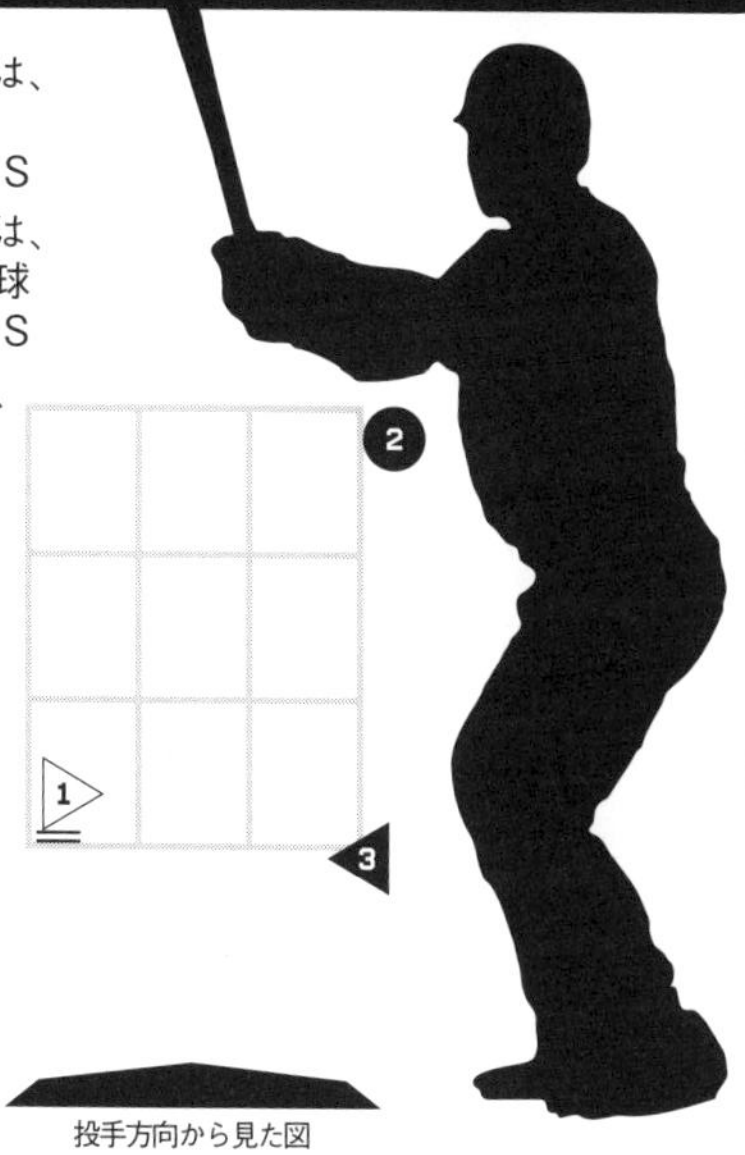

投手方向から見た図

このページの右打者は分かりやすく3球で描いているが、「5球」を使って勝負すればいい。左記はアレックス・カブレラ（西武ほか）をイメージしたリードだが、すべての打者にあてはまるとは限らない。

球種の凡例

○	ストレート	144〜150km/h
◁	シュート	135〜140km/h
⬭	カット	135〜140km/h
▽	フォーク	130〜135km/h
▷	スライダー	128〜135km/h
□	チェンジアップ	120〜125km/h
△	カーブ	115〜120km/h

配球図の見方

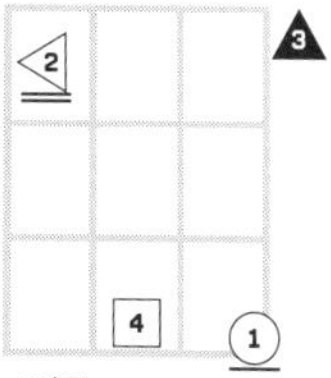

1球目
ストレート／ファウル
（線1本）

2球目
シュート／空振り
（線2本）

3球目
カーブ／ボール（白抜き）

4球目
チェンジアップ／見逃し

右投手 VS 右打者

初球、対応の難しい外角低目の縦の変化球に打者はわざわざ手を出してこない。3球目、打者は泳いで引っ掛けて遊撃ゴロのイメージ。

1球目 ＝ 外角低目カーブは、
見逃しストライク
…………… 0B－1S

2球目 ＝ 内角低目
ストレートは、
打ってもファウルの
ボール球
…………… 1B－1S

3球目 ＝ 外角低目
スライダーは、
勝負球

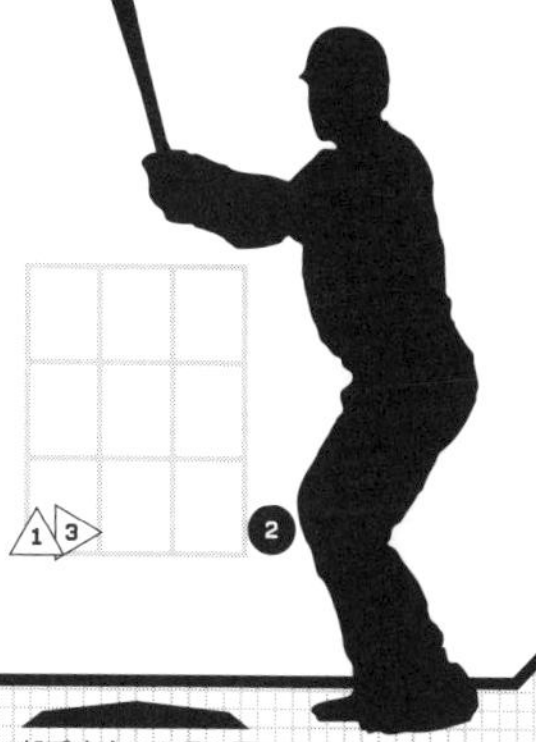

投手方向から見た図

「左ヒジは左ヒザより前」

構えの基本

無走者時は本塁ベースのど真ん中で、歩幅は肩幅。重心は真ん中、やや前目。

あらかじめ外角で低い姿勢で構えるのは、コースを相手チームに教えているようなものだ。2ストライクに追い込んで、中腰で高目ボールの“釣り球”を要求するのとはまた別のこと。

足の置き方

両足のつま先は時計の10時10分ぐらいに開く。かかとを地面に着けてはいけない。

胸を張らない

打楽器の（金属製で皿型の円盤の）シンバルを叩くようなイメージ。

右手を隠す

右手は尻やヒザの後ろに置いて構える（ファウルチップでの骨折防止）。ブルペンの投球練習では右親指を拳の中に入れ、ミットの後ろ側に隠して添えてもいい。

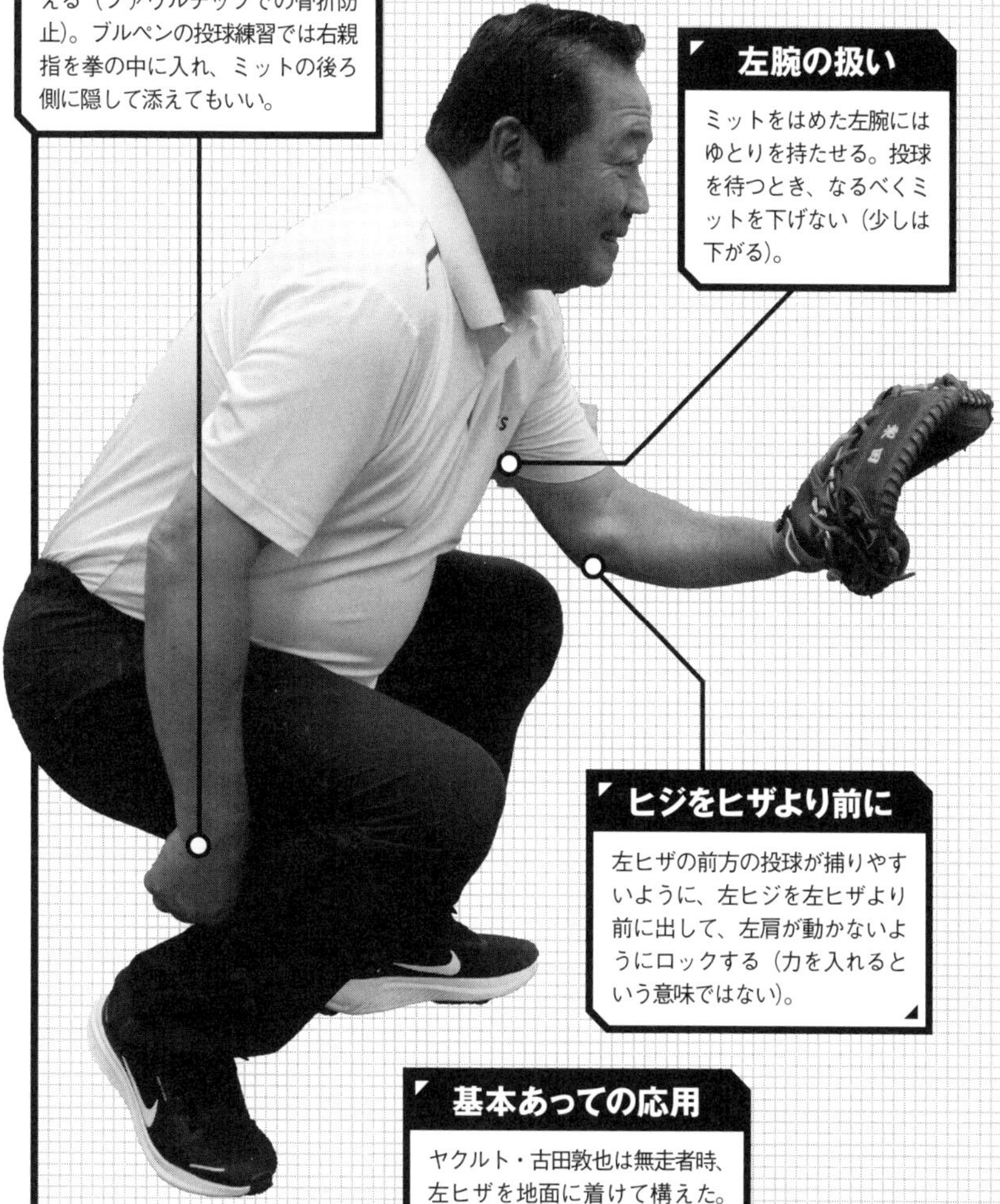

左腕の扱い

ミットをはめた左腕にはゆとりを持たせる。投球を待つとき、なるべくミットを下げない（少しは下がる）。

ヒジをヒザより前に

左ヒザの前方の投球が捕りやすいように、左ヒジを左ヒザより前に出して、左肩が動かないようにロックする（力を入れるという意味ではない）。

基本あっての応用

ヤクルト・古田敦也は無走者時、左ヒザを地面に着けて構えた。彼のように基本を身につけている捕手はまた別物である。

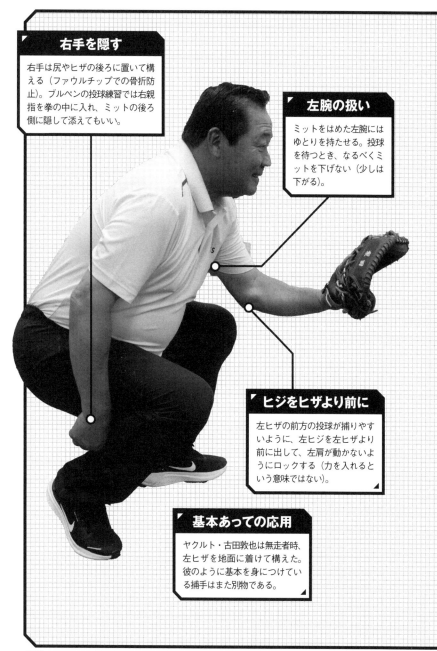

「縦の変化球の高目と低目」

際どいコースに来たとき

右打者の外角球に対しては親指を使い、内角球に対しては親指以外の４本を使って、内側に少し絞って押し込む意識（ロックした左肩、左胸あたりが支点）。

捕球の基本

投球をミットの芯で包み込んで捕球し、いい音を出す。捕球直後、ミットの捕球面を垂直に出し、投手に見せてあげる。

縦の変化球の捕り方

「縦の変化球が高目」に来たら、十分に曲がるまで引きつけて体の近くで捕球する。一方、「縦の変化球が低目」に来たら、ストライクゾーンいっぱいで腕を伸ばして捕球する。

投手に自信を持たせる

あからさまにミットを動かすキャッチングは球審が嫌がるが、球審を欺くという意図ではなく、投手に対して「いいコースに球が来ているよ」と自信を持たせてあげる。

足で捕り、足で投げる

１球ごと立ち上がって投手に返球。「投球は足で捕り、足で投げる」。下半身が鍛えられる。

「ワンバウンドする箇所に手を伸ばす」

予測できるワンバウンド

自分がサインを出すのでワンバウンドを予測できる。自分が「動ける範囲」を把握しておく。

走者三塁でのフォークは、捕手の体勢が自然と低くなりがちなので、球種を相手に見破られるのを注意。

ワンバウンドを正面に転がす

内角球には左肩を入れ（左半身を前に出す）、外角球には右肩を入れる（右半身を前に出す）。そうすれば、プロテクターに跳ね返ったワンバウンドが正面に転がる。

ボディストップのコツ

球と体が反発しないように、体で優しく包みこんで吸収（止めた球を自分の近くに落とさないと、走者がスタートを切ってしまう）。

正面に入って前に落とす

ワンバウンドした投球を「ボディストップ」なのか「シングルキャッチ」なのか、とっさの判断基準は難しいが、「自分が動ける範囲は投球の正面に入って、自分のすぐ前に落とす」。

速球は手だけ伸ばして捕る

球速150キロの投球は正面に入りづらい。「投球が落ちる箇所に手だけ伸ばしてショートバウンドで捕る」。藤井彰人（近鉄。99年〜04年）が上手かった。

ブロッキングの基本

ワンバウンド投球が股間を通過しないよう、両ヒザを素早く地面に着いて、ミットを出す（右手はミットの後ろ。サヨナラ負けの状況で、私は右手も盾にしてしまったが、骨折の危険性を伴う）。

「球の跳ね返りを手のひらで拾う」

腕の振り方

「後ろ（テークバック）は小さく、前を大きく」。顔の前を通すように腕を振り下ろす。

スローイングのコツ

コツの１番目は「捕ってから早く投げる」。２番目が二塁ベース右角を狙う「コントロール」。３番目は野手が捕りやすい「ボールの回転」。捕りやすければタッグ（触球）もしやすい。

走者がいるとき

両足のつま先を平行ではなく、左足を1足分前に出しておく(左足のかかとと右足のつま先が一直線に結ばれる感じ)。

内角球のステップ

左足に1度体重を載せてから⓪、右足①、左足②をワンステップずつ。

右足の注意点

右足を左足の後ろに「バックステップ」するのはＮＧ。前方に向かう勢いをそいでしまう。

つま先の角度を工夫する

少し前に出した左足つま先を前もって25度ぐらい内側(右側)に向けておく。最終的に90度ステップ(投手板に平行)して二塁送球するので、残り65度のステップで済む。0コンマ何秒かを短縮する。

外角球のステップ

右足首を90度(投手板に平行)に回転させるだけで、ノーステップで投げる。

「球の跳ね返りを手のひらで拾う」

梨田流握り替え

捕球時、ふだん投球をつかむミットの「ポケット」ではなく、「土手（ど真ん中）」の硬い部分に当て、跳ね返った球を手のひらと5本の指で拾うイメージ。

最終的には親指と人差し指と中指の3本で握るのだが、捕球から握り替えの瞬間は、球を落とさないように薬指と小指も“保険”として利用する。

緩い球は土手で弾ませる

速いストレート、カットボール、スライダー、ツーシーム以外の、フォーク、チェンジアップ、カーブは捕球してから握るのではなく、ミットの土手で弾ませた瞬間を拾う。

縫い目への指の掛け方

人差し指より中指のほうが長いので、ボールの縫い目の広いほうに中指を掛ける。

90度からオーバースローで投げる

90度が1番強い。送球時は「脇とヒジと手首をそれぞれ90度」にして、あとは腕を振るだけ（実際は手首の90度は難しい）。オーバースローで投げる。

握りそこねたときの対応

握りそこねてシュート回転しそうなときは二塁ベース少し左に、スライダー回転しそうなときは二塁ベース少し右を狙って投げる（室内練習場で二塁ベース上に空き缶を置いて、送球練習）。

野手が捕りやすい球を投げる

送球距離はバッテリー間18・44メートルの2倍の約39メートル。投手を的にして、ワンバウンドでもいいので野手が捕りやすい送球を。高い送球はタッグができない。

（編集部注／梨田氏は超強肩だったので、投手のベルトの高さで投げた。）

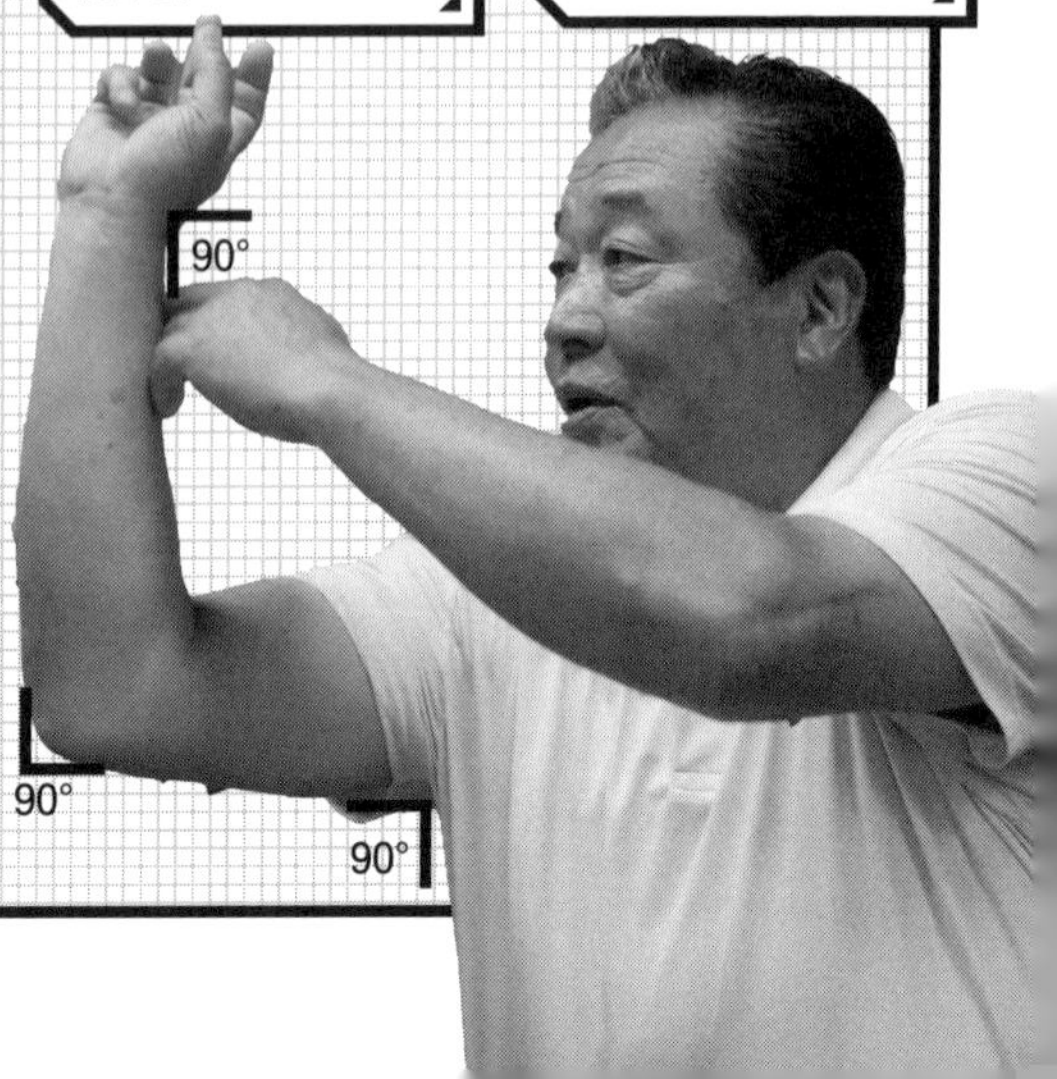

捕手論。

2

捕手

伊東 勤

Tsutomu Itoh

「NOW（軸になる球種）」を考える

Tsutomu Itoh

PROFILE

- 1962年8月29日生まれ、熊本県出身。181センチ84キロ、右投げ右打ち。
- 熊本工高〈甲子園〉→所沢高→西武（81年ドラフト1位〜2003年）。
- 現役22年＝通算2379試合1738安打、打率・247、156本塁打、811打点。
- ゴールデングラブ賞11度（捕手最多）、ベストナイン10度、オールスター出場16度。
- 通算守備率・995（97年1・000）。盗塁阻止率・341（企図1673、刺571）。
- 通算134盗塁は1000試合以上出場捕手最多。通算305犠打は史上6位。
- 捕手通算2379試合出場は、谷繁元信3021試合、野村克也3017試合に次ぐ3位。日本シリーズ捕手67試合連続スタメン出場。
- 現役22年間でタイトル獲得をアシストした投手は39人に及ぶ。
- 2004年西武監督1年目にして日本一。13年からロッテ監督、19年から中日ヘッドコーチを歴任。
- 17年野球殿堂入り。

01

兄の背を追い、捕手のマスク

私が野球に興じ始めたのは熊本市の小学校2年生のとき。2歳上の兄の背中を追って、小学校の軟式野球チームに入った。当時、野球はスポーツの中でNO・1であり、オンリーワンだった。

兄と同様、捕手をやらされ、俊足なので「1番・捕手」。ふだんの川遊びで「石投げの水切り」をやっていたのが今思えば捕手の二塁送球スナップ強化に役立ったのだと思う。

中学は学校の軟式野球部。高校は名門・熊本工高に進学した。高2まで八浪知行監督の指導を受けた。八浪監督は元西鉄の外野手で中西太さん（本塁打王5度）と親しかったそうだ。高3からは林幸義監督。1971年ドラフトで阪神の5位指名を受けた内野手だが、プロには進まなかった。ちなみにこの年のドラフト2位指名で梨田昌孝さんが近鉄入りしている。

高3夏の熊本大会準決勝で2年生左腕・園川一美（のちロッテ。通算76勝）を擁《よう》する九州学院高をくだし、決勝はこれまたエース・秋山幸二（のち西武ほか。通算437本塁打）が率いる八代高。9回1点ビハインドから熊工が逆転勝ちで甲子園に駒を進めた。

81年ドラフト1位で西武に入団した私は、アキ（秋山）とともに西武で黄金時代を築き、監督同士で戦うことにもなる（2013年、14年ロッテ・伊東監督、ソフトバンク・秋山監督）。

私の現役22年の捕手人生を振り返りながら、「捕手のリード」と思考を紹介していく。

02 球種サインの出し方

1軍投手枠12人から13人、球種のサインの基本系は一緒だ。1がストレート、2がカーブ、3がスライダー、4がシュート、5がフォークボールという具合だ。

何回か指を出すのだが、A投手は1番目、B投手は2番目と、投手によって変える。相手に球種サインを読まれていると感じたときは変更する。

アウトカウントを「キー」にするときもある。例えば指を3回出すうち、「0死（無死）」のときは0の次の1番目に出したサイン（注／0番目ということはないので）。「1死」のときは1の次の2番目に出したサイン、「2死」のときは2の次の3番目に出したサインだ。だから「2死」を取ったあと、相手の攻撃が続くと、ずっと3番目に出したサインということになる。

03 「配球ノート」に何を書くか

「配球ノート」は私が試合に出始めの若いころにつけていた。すべての相手打者が初対戦だ。「このゾーンで抑えた」「ここのゾーンを打たれた」など、試合中に気づいたことや、新発見をベンチ裏で書き込んで、アップデートしていった（P111参照）。

レギュラークラスの打者はシーズン約500打席に立つので、各5球団との対戦は年間100打席に及ぶ。パ・リーグ他5球団で、新人打者以外は全部頭にインプットしてあった。長年対戦しているとストロングポイントやウイークポイントを把握しているので、前回は変化球を駆使したが、今回は変化球をまったく使わないなど、リードにアクセントをつけていった。

外国人打者は「来た球を打つ」イメージがあるが、何年も日本で活躍しているような外国人は、こちらを惑わそうと〝三味線をひく〟。あれはブーマー・ウェルズ（阪急ほか。1984年三冠王獲得）だったか。「今のインコースがストライクだと？」と球審に食ってかかった。私が「よし、もう1球いってやれ」と続けた投球をまんまと本塁打した。

のちのち思えばその「駆け引き」が面白いのだが、当時はたまったものではない。そういう駆け引きを配球ノートにつけ加えていった。

04 高橋直の「ひとこと」がターニングポイント

プロ1年目の1982年33試合出場、83年56試合出場。83年の巨人との日本シリーズでは、

1勝2敗の第4戦から第7戦までスタメンマスクをかぶった。

当時、ペナントレースの試合前には入念なバッテリーミーティングをやった。だが、まだ駆け出しの私のリードが信用ならなかったのか、バックネット裏に陣取るスコアラーが送る球種サインを見て投げるベテラン投手もいた。屈辱だった。

しかし、私の捕手としての成長を促す「ターニングポイント」が訪れた。ナオさん（高橋直樹。通算169勝）だ。ナオさんは右アンダースローからのシンカーとスライダーのコンビネーションを抜群のコントロールで操って、ゴロを打たせて取るタイプの投手だ（9イニング平均与四球1・48個）。

もともと東映（現・日本ハム）の20勝エース。81年に江夏豊さんとの交換トレードで広島に移籍、次に82年途中に古沢憲司さんとのトレードで西武に移籍。「広岡達朗・西武」の優勝3度に大きく貢献した。

ふだんのナオさんは温厚な紳士だったが、「アンダースローで投球モーションが大きくても、打者を抑えて走者を本塁に還さなければいいのだから、クイックは不要だろ」と頑固だった。

そんなナオさんが、私のプロ3年目の84年、試合途中に突如私をマウンドに呼び寄せた。「きょうの今からお前が出すサインには一切首を振らない。好きなようにやってくれ」。

ナオさんのあのひとことで、もともと投手を勝たせたいと思ってリードしていたが、より捕手としての責任感が湧き上がってきた。

05 捕手像を変えた「俊敏な強肩捕手」梨田

私のプロ入り前、捕手というと少しポッチャリ型の体型の選手が多く、捕球中心の「壁」のイメージがあった。9歳上の梨田昌孝さん（近鉄。ダイヤモンドクラブ賞4度）は「捕手像を変えた」と言えるだろう。スマートで俊敏で超強肩。打撃は〝コンニャク打法〟。個性と華があった。捕手の先輩としてグラウンドでよくお声がけいただき、監督としても対戦した。

3歳上の田村藤夫さん（日本ハムほか。ゴールデングラブ賞1度）は「現役21年捕手」。「チームが優勝していたら、もう少し賞の1つや2つもらえていたかもしれない」と苦笑していたように、スローイングも打撃もよかった。

1歳上の藤田浩雅さん（阪急ほか。ダイヤモンドグラブ賞1度。捕手新人王史上2人だけ）は、パンチ力があって、1984年には22本塁打でベストナインにも輝いている。84年は山田久志さん（通算284勝）、「最多勝」「最優秀防御率」今井雄太郎さん、「最多奪三振」佐藤義則さん、「最優秀救援」山沖之彦さんら、そうそうたる投手陣の投球を受け、日本一に輝いた。

パ・リーグはDH制で投手が打席に入らないので、その分、厳しい攻めが捕手にくる。私は顔面への死球が2度あったし、レギュラーになりたての84年はシーズン11死球だ。もう〝時効〟だから言えるが、年齢が近い田村さんや藤田さんとは「捕手同盟」を結んで、お互い胸元近くの「ブラッシュボール」は投げないことにしていた（苦笑）。

06 V9巨人捕手、V8西武監督・森への「反発」

1983年の西武VS巨人、92年と93年の西武VSヤクルトは、日本シリーズでも特に歴史に残る激闘と呼ばれている。

プロ2年目の83年第6戦、西武2対1のリードで迎えた9回2死一、二塁で打席は中畑清さん（通算1294安打）。「サインを出す根拠が見つかりません」と、弱冠21歳だった私は当時の森昌彦（現・祇晶）ヘッドコーチの指示を仰いだ。森さんはV9巨人の正捕手だった。「杉本正（通算81勝）のきょう1番いい球のシュートにしなさい」。だが、中畑さんに右中間三塁打を浴び、逆転を許した。この試合は結局西武がサヨナラ勝ちし、翌第7戦の日本一につなげる。

しかし、私は「味方といえどもリードに迷っていることを悟らせてはならない。リードを人任せにしてはならない」ことを学んだ。

「89年ラルフ・ブライアントの1日4発」で近鉄の後塵《こうじん》を拝した翌90年、6月に8連敗を喫するなど、首位陥落のピンチを迎えた。日本ハム3連戦でサヨナラ負けすると、私は森監督に叱責《しっせき》され、スタメンからも外された。

86年から就任していた森監督とは次第に距離を置くようになり、ダグアウトでは文字通り一番離れたところに座っていた。結局、この90年からリーグ5連覇を果たし、「距離」は元通りになったのだが、捕手は孤独なポジションであることを痛感した。

07 ゾーンに入ったブライアント「1日4発」

現役22年間の対戦打者で印象深かったのはダントツでラルフ・ブライアント（近鉄。通算259本塁打）。近鉄がダブルヘッダーでロッテに勝ち切れなかった、いわゆる「1988年10・19」の翌89年、今度は10月12日、西武との天王山ダブルヘッダー（西武球場）で、ブライアントが大爆発した。

「1人に1日4発」を許したのは、私の野球人生の中で初めて。あの日のブライアントは試合前からまさしく後光が差し、強烈なオーラを放っていた。ブライアントはいわゆる「ゾーン」

に入っていたのだろう。「ボールがソフトボールのように大きく見える」と語っていたそうだ。

第1試合西武4点差リードを、郭泰源さんのストレートを46号ソロ本塁打、スライダーを47号同点満塁本塁打。3打席目は（渡辺）久信（通算125勝）がストレートを48号勝ち越しソロ本塁打され、西武は5対6で敗れた。

48号のとき、私は外角に寄ったが、少し真ん中に入った投球を運ばれた。久信は片ヒザを着いてライドスタンドを呆然《ぼうぜん》と見つめた。のちに「冷静になって四球で歩かせればよかったのに」と言われもしたが、歩かせる考えなど微塵《みじん》もなかった。エース格の久信が出てきたわけだし、久信との対戦で「高目ストレートの三振」を繰り返しているデータがあった（14打席8三振）。「ナベ（渡辺久信）、なぜフォークを投げなかったんだ！」と結果論を言った森祇晶監督の言葉に、久信は思わずグラブをベンチに投げつけて怒ったと聞く。

のちにブライアントは「フォークとスライダーを待ったが、ストレートに体が反応した」と振り返ったそうだ。データや相性を覆《くつがえ》し、みずから「アンビリーバブル！」と繰り返したらしい。

第2試合は敬遠四球のあと、高山郁夫（通算12勝）が49号勝ち越しソロ本塁打を浴び、4打数連続本塁打。ベンチに戻った私は、森監督に「お前、一体何を考えて（リードをして）いるんだ！」と叱責され、交代させられた。私も返す言葉がなかった。森監督も捕手出身で、我慢できなかったのだろう。あれは「88年10・19」で優勝を逃した近鉄の2年越しの執念だった。

08 出したサインを悔やんでも仕方ない

捕手というポジションは「逃げ道」がない。打たれたらもちろん投手は責められるが、レギュラー捕手として、サインを出した責任がある。先述した「ブライアントの1日4発」で私は交代させられるなど、森監督も厳しかった。

そんな中、ベテランの黒田正宏捕手（85年まで現役、以降コーチ）の存在にすごく救われた。黒田さんは法政大時代に田淵幸一さん（のち阪神ほか）の控え捕手、南海（現・ソフトバンク）時代は野村克也さんの控え捕手だった。

だから控え選手の気持ちが分かるし、結果でモノを言う首脳陣とは違った。「（伊東）ツトムがあそこでよかれと思って選択して出したサインだ。結果に関しては悔やんでも仕方ない。でもな、打たれたことに関しては原因を勉強していきなさいよ」。結果は結果として、次なる〝切り替え〟が必要なのだ。

その当時のことが頭にあるのか、私は指導者になってから若い捕手にこう伝える。「サイン打たれて負けた試合は、抑えても打たれても自分の責任なんだよ」。打たれて負けた試合は熱くなってアドバイスが頭に入りづらい。球種の選択に失敗して打たれたことは自分が1番分かっている。だが、勝った試合は冷静だから、意外と素直に聞く耳を持つものだ。「最終的には抑えたけど、俺が経験した中で、あそこのお前の球種の選択はちょっと違ったよな」と。

09
黄金時代を築いた郭、工藤、潮崎の「決め球」

私が投球を受けてきた中で「いの一番」に挙げたい投手は郭泰源さん（通算117勝）だ。彼は現在のプロ野球を含めても実力NO・1だと思う。

彼は1984年ロス五輪で台湾の銅メダル奪取に貢献。メジャーリーグのドジャースが獲得を狙っていたが、当時の根本陸夫管理部長が獲得に成功。翌85年、私より1歳上の23歳で西武に入団したが、初めて投球を受けたときの衝撃は忘れない。「こんなに凄い投手がいたんだ！」。

〝オリエンタル・エクスプレス（東洋の超特急）〟の異名を取り、当時でも155キロは出ていただろうストレート。さらに切れ味鋭い「カットボール」、スライダー、ツーシーム、シンカーを、ギアの入れ具合を調節しながら、私のサイン通りコントロールよく投げ込んできた。来日間もない6月にノーヒットノーランを達成したが、最後に一塁フライで達成と思いきや、一塁手が落球。結局達成したが、重苦しい空気が充満したのも忘れられない（苦笑）。

（工藤）公康（通算224勝）は、ストレートとカーブの2種類で打者を牛耳った。7割がストレートで、独特な「カーブ」は2階から落ちてくるように落差が大きく鋭かった。ただ、彼の好不調のバロメーターは高目のストレート。そこを打者が振るときは好調だったし、同じところからカーブを落とした。

シオ（潮崎哲也。通算82勝55セーブ）も印象深い。89年のドラフトで8球団が競合した野茂英雄は近鉄に、潮崎を西武が一本釣りした。伝家の宝刀「シンカー」は、薬指と小指の間から抜いて投げるので、腕を強く速く振る割には球が来なくて、打者は幻惑《げんわく》されていた。プロ1年目の90年、オリックス戦で松永浩美、門田博光、藤井康雄、熊野輝光さんら左の並み居る強打者から8連続奪三振。その奪三振ショーは、まさに「魔球」と呼ぶのにふさわしかった。

10 松井秀には「内角高目」、イチローには「打ち損じ」

先述のラルフ・ブライアント以外の「マスク越し」に見た「対戦打者ベスト3」を挙げる。

まず、1994年と2002年の日本シリーズで対戦した松井秀喜（巨人）だ。松井のプロ入り2年目の94年、リリーフ左腕の橋本武広（通算560試合登板）が本塁打を打たれた。松井の「どこが凄いか」と言ったら、投球を呼び込むだけ呼び込んで、「これは空振りするな」「投球を見逃すな」というところからバットが出てきた。スイングスピードが速かったということだ。

日本シリーズなどの短期決戦は、3、4番打者に対して早い段階から抑え込むために徹底して同じコースを攻める。松井の場合、「内角高目ストレート」だった。

打撃術はその時代によって変わるものだが、当時は「内角を打つポイントは前（投手寄り）」だった。「これは今までにいなかった打者だな」と感じたが、94年対戦時はシーズン20本塁打、02年は50本塁打。やはり日本を代表するホームラン打者に大いなる成長を遂げた。

3番目はイチロー（オリックス）。プロ3年目の94年から7年連続首位打者に輝いた。リードや配球で抑えるというよりも「調子が悪くて打ち損じを待つ、穴がない打者」は、私が体験した初めての選手だった。（P111参照）

「高目のストレート系を意識させて、低目の変化球で勝負」が基本線だったが、ワンバウンドでも安打にするぐらいだから、「ここが打てない」というゾーンは見つからなかった。日本球界にいるころは〝振り子打法〟で、本塁ベースから離れて立っていた。外角の投球が届かないように思えるが、バットがしっかり届いていた。

メジャーでも本塁打は少なかったが、スタイル的には日本時代とまったく一緒だった。結果的にピート・ローズ（レッズほか。通算４２５６安打）を上回る、日米通算４３６７安打を放った。

11 「内角好き？」落合の真相

落合博満さん（ロッテ。１９８２年、85年、86年三冠王）は、ある程度コントロールよくきっちり投げてくる投手に対しては「決め球」を待っていた。「内角が苦手」なのは分かっていたのだが、内角に投げさせない雰囲気を醸《かも》し出していた。

しかし落合さんは、内角を狙った球が体側に抜けてくるか、コントロールがままならない投手が嫌いだった。セ・リーグ時代の盛田幸妃（横浜。通算47勝29セーブ）のシュートがそれで、通算50打数９安打、打率１割８分に抑えられた。

落合さんはよけるのが巧くて、約20年間４番を張った打者としては死球が少なかった（63個）。だが、踏み込んで打ちにいくところを、盛田には内角体付近の厳しいところを攻められていたイメージがある。

落合さんを書いた文献によると、「内角は得意で、外角低目は苦手」らしい。厳密に言えば、「ストライクゾーンの内角は得意」ということなのだと思う。

12 イチロー＋松井秀＝大谷翔平

大谷翔平（現・ドジャース）は「安打製造機のイチロー」に、「松井以上の長打力を兼ね備えた」打者だ。捕手サイドから言えば、大谷もイチロー同様に「打ち損じを待つ」打者だと言える。ただ、イチローは安打で済むところが、大谷は長打になる。

高目も低目も打つ。内角もさばくし外角にも手が届く。厄介なのはストライクゾーンに来た投球を1球目からスイングするところで、捕手からしたら1番嫌な打者だ。

初球、タイミングが合っていないスイングなら、「またこの球種を続けていいな」となるが、あれだけフルスイングしても、そんなにタイミングがズレていない。「次も同じ球種でいったら危ないな」という意識を抱く。1つのスイングで恐怖を感じさせる打者なのだ。

大谷を攻めるとしたら、リーチがあるだけに、（投球との）距離が取れるゾーンは、（腕が伸びて遠くに飛ばされるので）もちろん怖い。

内角高目の投球で空振りを取りたいが、そこを強引に引っ張って本塁打している。あれをやられると攻めるゾーンが限られてくる。結局、メジャーのバッテリーは内角でストライクが取れなくて、外角にいった投球を意外と打たれている。

そうなると、攻めるのはやはりヒザ元だ。リーチがあるから、(腕が伸びない)ヒザ元への速い変化球を使っていきたい。メジャーリーグでの大谷の打席を見ていると、カットボールの出し入れはしているが、立て続けに内角を攻めてはいない。

13 投手を「3タイプ」に分けてリード

セ・パどの球団においても「バッテリーミーティング」をやっている。いろいろ戦術を練って「この投手の持ち球をもってすれば、あの打者のどこに投げれば抑えられる」という「打者打ち取りマニュアル」的な内容だ。

さらに「内角高目―外角低目」「内角低目―外角高目」のような対角線を基本に攻めていく。ただ、捕手が要求したそのゾーンにコントロールよく投げられる投手ならいいが、マニュアル通り投げられない投手もいるのが現実だ。

逆に言えば、そういう投手たちに打者をどうやって抑えてさせていくかが「捕手のリードの醍醐味」とも言える。

私は投手を「A」「B」「C」の3タイプに分けてリードしていた。

・「A」＝ある一定の「コントロール」と「球威」を有し、投手優先でリードできる。
・「B」＝Aよりも劣り、打者との力関係で、狙われている球種、コースをリードで外す。
・「C」＝ストライクを取るのが精一杯であり、完全に捕手のリード主導になる。

「A」はストライクゾーンの「四隅（コーナー＝内角高目、内角低目、外角高目、外角低目）」に投げ分けるコントロールがある。1軍投手枠12、13人のレベルだ。

だが、「B」の下のほうや「C」に関しては、リードなり配球は当てはまらない。打者のストロングポイントやウイークポイントに投げ分けるコントロールがない。厳しい言い方をご容赦願いたいが、敗戦処理だ。

14 「困ったときにストライク」の球種を持て

投手で1番厄介なのはストライクが入らないときだ。打たれるのはある程度仕方がない。監督としての投手交代の判断基準は、抑えていても「いい当たり」「外野に打球」が飛び始めたときだ。連打の中にはポテンヒットもあるだろうが、タイミングが合ってきたときは、次打者の前の打席結果を考慮して続投させるかを考える。

しかし、四球だけは何の救いもないし、次にもつながらない。私は四球が1番嫌いだ。投手ならブルペンであれだけ投球練習をしていて、目をつぶってでもストライクを投げられるはずなのだが、試合になるとストライクが入らない。

私が投手にアドバイスするのは「困ったときにストライクを取れる球種を持て」だ。ふだんはストライクが取れる球種を優先で使って、打たせてアウトを取る。

だから「コントロール」「スピード」「緩急（変化球）」の投手3要素の中では、コントロールが言わずもがな1番重要だ。コントロールがなかったら始まらない。何度も繰り返すが、まずストライクを投げられるか否か。ストライクを投げる技術。いやしくもプロの投手ならそこがスタートだ。「コントロール」以前の問題である。

15 先発の「残像意識づけ」、抑えの「駆け引き」

先発するクラスの投手は概して「コントロール」と「球威」があり、「球種」も多彩で、イニングも長く投げられる「スタミナ」豊富の投手が多い。

だから先発投手が投げているとき、2番手、3番手の中継ぎ投手のために、相手打者に対して「意識づけ」をする。

例えば1打席、2打席目に徹底して内角攻めをする。打者としたら「きょうの試合は自分に対してすごく内角攻めが多いな」との残像がつく。その意識を抱かせたまま、次の投手に代わっても、「内角攻めが多い」意識を利用するのだ。

次の投手が「四隅（コーナー＝内角高目、内角低目、外角高目、外角低目）」に投げ分けられなくても、さすがに1球ぐらいは投げられる。3打席目の早い段階で内角球から入れば、打者は「また内角攻めか」となる。そして内角勝負と思わせておいて、実際は外角で勝負するわけだ。

抑え投手になれば話は別だ。フォークボールやチェンジアップなどの「決め球」を持ったストッパーがいたとする。「打たれたら悔いが残るので、決め球を連投する」という考えを逆手に取って、打者の頭にある決め球をいかに使わないようにして抑えていくか。最終的にはどこかで決め球を使うが、これが「駆け引き」だ。

豊田清（西武。2002年、03年「最優秀救援投手」）はストレートとフォークが「決め球」だったので、カーブが有効だった。打者が狙っていないカーブで初球ストライクを取ると、あとは優位に勝負を進められた。フォークを投げてもいいし、投げなくてもいい。それが「駆け引き」なのだ。

16

中継ぎ投手の地位が高まり「投高打低」

「中継ぎ投手」の指標に「ホールド」がある（編集部注／2者連続本塁打で同点に追いつかれる場面で登板し、1アウト以上を取ってリードしたまま降板）。ホールドが制定された2005年パ・リーグは108完投359ホールドが、24年42完投706ホールド。同様にセ・リーグでは05年71完投442ホールドが、24年42完投752ホールドと数字が推移している。

セ・パ両リーグともこの19年間で完投数が激減し、ホールド数が激増している。完投数が減少したということは、単純に先発投手に代わって投げる「中継ぎ投手」が増えたということだ。「中継ぎ投手」に対する球団の評価も高まった。ひと昔前は「先発投手」と「抑え投手」の評価が高かったのが、どちらにも属さない投手が新たな「働き場所」を見つけた。今や「先発」「中継ぎ」「抑え」の分業制が完全に確立され、それが「投高打低」につながっている。

長いシーズンを戦う中で、その方が勝てる可能性が高い。リーグ3連覇（21年～23年）を果たしたオリックスがいい例だ。先発の頭数はもちろんそろっているが、先発が5、6回投げたら、7、8、9回の3イニングを質量豊富なリリーバーでまかなっていた。

17 初球を打つ打者か否かは、データを活用

「初球の入り方は難しい」とよく言われる。そこは「初球を打つ」か「初球を打たない」かのデータを活用する。

走者がいるとき絶対初球を打ってくる打者にはボール球を要求する。味方がリードしている試合終盤で外国人打者を迎えて一発が怖い場面では、まともにストライクを取りにいけない。勝負が2、3球で終わる「早打ち」の打者のときにも、特に初球の入り方に注意する。

一方、そんなに怖さのない打者にはストライクを取りにいく。塁が詰まっているとき、ボール球から入るのを投手は嫌がるものだ。なぜなら1ボールから勝負がスタートすることになる。だから、凄く勇気がいることなのだ。

じっくり「見極めてくる」打者に対しても、ストライクを取りにいく。かつて、絶対初球を打たなかったのは小川亨さん（近鉄。通算1634安打）だ。ストライクでもボールでもまず自分のタイミングを見て、以降、各投手の投球に合わせてくるタイプの打者だった。

18 パは打撃カウントで通常はストレート勝負

西武での現役時代は日本シリーズで、西武とロッテの監督時代はセ・パ交流戦において、セ・リーグ球団と多く対戦した。セ・リーグの中日でヘッドコーチも務めた。「セ・パの野球の相違点」は、やはりパ・リーグにはパワー投手が多いことだ。

セ・リーグの投手は好投していても、1、2点に抑えていても、打順が回ってくれば5回ぐらいで代打を送られたりする。パは8番、9番（セなら投手の打順）でもしぶとい打者がたくさんいる。パ・リーグはDH制が採用されている分、投手が5回ぐらいで苦しんでいても我慢して乗り切らせると完投能力がつく。

野球は序盤、中盤、終盤で競技の質が変わり、終盤（7回〜9回）が難しい。そういう環境で育ったパワー投手を打とうとして、打者も育つ。投手が打者を育て、打者が投手を育てている。

カウント2ボール0ストライク、3ボール1ストライクの「バッティングカウント」のとき、パ・リーグでは普通にストレート勝負のところ、セ・リーグ投手は変化球のフォークボールを投げて来て驚いた。苦しいカウントになったとき、捕手の私も基本的にはストレートのサインを出して、カウントを整えた。だが、セ・リーグでは最近でもそこは変わっていない。

それでも、パ・リーグでは最近バッティングカウントでカットボールを投げる投手も増えてきたし、セ・リーグでもだいぶパワー投手が出現し、村上宗隆（ヤクルト）や岡本和真（巨人）ら、ホームラン打者が出現している。

19 ストライクゾーン外側16枠で「空振り三振」を取る

私のストライクゾーンの使い方として、9分割した外側に0・5枠ずつ付けていくのだが、計16枠が加わる（Ｐ１０７参照）。

例えば、1試合に10三振を奪うとすると、内訳はこんな具合だ。
・ストライクゾーンで、打者の狙いを外した「見逃し三振」と「空振り三振」で6、7個。
・ストライクゾーンから0・5枠外れた「ボール球の空振り三振」が3、4個。
すなわち、投手はこの「16枠」に投げられるかどうかが、かなり重要になる。

投手は「スピードは魅力だが、勝つためにはコントロールが大事」だ。いやしくもプロの投手であれば、目をつぶってでもストライクゾーンの真ん中に投げられるコントロールを持っていなくてはいけない。

状況にもよるが、試合最初はストライクゾーンの「四隅」を狙わない。ある程度甘いところでストライクを稼いだあと、だんだん厳しいところにゾーンを広げていく。それほどストライクを投げる技術がない投手が最初から四隅を狙いすぎると、それが外れて、逆に内側に入ってしまうから打たれる。

だから、投手がふだんのブルペンで何を練習しているかと言えば、この16枠に決める投球練習なのだ。球1個分外してしまうともう完全にボール球だから、この16枠にコントロールよく投げ切るのは難しい。

20 伊東流リードは「NOW（軸になる球種）を考える」

リードは誰かに教わるものではなく、自分で作り上げていくもの。セオリーや正解はない。ただし、即時に出したサインに対して「意図」「根拠」を持つのは必要だ。

「この球を投げさせよう」と、結論を出して勝負にいくわけだから、抑えたらもちろん財産になるが、たとえ打たれても財産になる。だから前もって「意図」「根拠」があって出したサインではなく、「あとづけ」「結果論」の言い訳は絶対ダメなのだ。

私のリードは「NOWを考えるリード」。まず今、この試合を迎えて先発投手の「軸になる球種」をいかに早く把握するか。次に相対する打者のウイークポイントはどこだ、ストロングポイントはどこだ？　それを「今」進行する試合の状況に当てはめていくことになる。

細かく突き詰めていけばいろいろあるが、難しく考えたらキリがない。すべての打者に同じような考えをしていない。点を取られていないときは余計なことはしない。投手が好調で凡打の山を築いているときは、リードはもちろん大事だが、テンポを優先してサインをポンポンと素早く出していくことを1番に考える。

重要なのは「ピンチのときにどう抑えにいくか」。1試合の中で3、4度はピンチが来る。そのための伏線で餌《えさ》を撒《ま》いたり、対戦データを活かす。なおかつその試合当日の相手の出来、長年対戦してきた打者の特徴を経験値から瞬時にはじき出すのだ。

21 「打たれながら抑える」リードが理想

「投手の長所を引き出すリード」「打者の弱点を突くリード」「（外野フライを打たせたくないなど）状況優先のリード」とはよく言われることだが、これは投手によって変わってくる。

ある程度コントロールのいい投手なら、「投手の長所を引き出すリード」「打者の弱点を突くリード」にしても、「ここに投げてくれ」と言うことはできる。だが、コントロールのよくない投手に対してはリードにもならないし、ストライクを取れる球種を優先することが先決になる。全投手に同じリードはできない。

しかし、私は基本的に「投手が苦しい投球」をさせたくなかった。例えば、プレイボールの1球目に内角ストライクを要求するのは結構厳しいものがある。指導者になってからもその考えを捕手に伝えた。

「1番打者から9番打者まで全部抑えようと思わなくていいぞ。それは難しい。1番と3、4番と9番ではリードも違うだろう。勝敗に無関係のところで故意に安打を打たせておく〝餌撒き〟もあるのだから。ある程度安打を打たれてもいいし、ここ一番のピンチで（なるべく点を与えないで）抑えていくのが理想だと思うぞ」

22 大記録3度未遂に終わった西口

かつて野村克也さんは「捕手はまず完全試合、次にノーヒットノーラン、その次に完封試合を狙う」と言ったそうだが、私は先述したように「安打を打たれながら無失点で抑える」リードが理想で、まずは「勝利」が最優先だ。サインを出す捕手ではあるが、ノーヒットノーランは9回になってから、「あとアウト3つだ」と意識が高まるぐらいだった。

2002年に西口文也（西武。通算182勝）がロッテ戦9回2死から小坂誠に安打を打たれたときの捕手は私だったが、私が05年西武の監督のとき西口は巨人戦9回2死から清水隆行に本塁打された。捕手は細川亨で、西口は「本塁打打たれちゃったか。安打なら完封勝利だったかもしれないのに」と、あっけらかんとしていたらしい。同じ05年、西口は楽天戦で9回終了0対0の「完全試合」に抑えていた。10回に沖原佳典に安打された。あれは、さすがに気の毒だった。記録は意識してできるものではないことを痛感した。

ちなみに私は、85年郭泰源さん（日本ハム戦）と96年渡辺久信（オリックス戦）とバッテリーを組んで、「ノーヒットノーラン」捕手になっている。

23 捕手5要素の優先順位は状況次第

捕手の要素の「リード」「キャッチング」「ブロッキング」「スローイング」「バッティング」の5要素に優先順位をつけたことはない。

例えばリードする中で、打たれて出塁させる。今度は盗塁を警戒する。盗塁を企てられたとき、うまく捕って二塁送球で阻止すれば優位に立てる。走者がいるときにはワンバウンド投球を後逸しないで体の前に落とすのが大事だ。それ以前にリードで打者走者を出塁させなければいい。状況に応じて、優先順位はすべてが変わってくる。連動していて全部が大事だ。リードを「バッティング」に活かすと言うが、あまり関係ないと思う。

確かに捕手は打者の狙い球を探ろうと躍起になる。初球、ストライクからではなくボール球から入ったりして、打者の足元の位置や腰の開き具合など、打者のいろいろな仕草を見る。ストレート狙いや変化球狙い、内角狙いや外角狙い、次第に分かるようになってくる。

1994年開幕戦の対近鉄9回裏、野茂英雄に代わったのが赤堀元之。粘った8球目、威力あるシュートをマークしながらスライダーに反応、私の苦手のストッパーから逆転サヨナラ満塁弾（開幕戦史上初。通算1000安打）を放ったのを、きのうのことのように思い出す。

相手バッテリーはピンチになったら打てないだろうコースに投げてくる。それをいかに打つかが打者の仕事であり、捕手であるかは別問題だ。打てないと言っても、プロは狙っている球種なら打つものだ。私は2ストライクに追い込まれてからの「落ちる球種」が苦手だったし、内角高目の速い、強い球を何とか打ち返してやろうといつも考えていた。

24
捕手「成長」には指導者の「我慢」

昨今、「捕手の複数制」について取り沙汰される（編集部注／伊東は谷繁元信、野村克也に次ぐ捕手史上3位の通算2379試合出場。日本シリーズ67試合連続スタメン出場)。

2024年シーズンにおける「1人捕手」は、急成長の好打強肩・山本祐大(DeNA)ぐらいだ。その山本も終盤の故障で規定打席には到達しなかった。裏を返せば、最近は抜きん出た捕手がいないということだ。

指揮を執る監督の立場からしたら捕手を固定したほうがいい。「メイン捕手」がいて、それ以外は「サブ捕手」だ。

野球の質が昔と今とで変わってきた。投手の球種は増え、打者の質も全体的に向上し、捕手としての仕事量は増加した。ドーム球場で空調を調節できて暑さ寒さが体にこたえない一方で雨天中止が減り、捕手の疲労度は増した。それを考えると10試合に何試合かを休ませるのも理想かもしれない。

昔はエース級の投手しか「捕手との相性」の希望は受け入れられなかったが、そういう時代でもなくなった。広島は坂倉将吾が床田寛樹、九里亜蓮、アドゥワ誠、会澤翼が大瀬良大地、森下暢仁の先発試合でスタメンマスクをかぶる。巨人は小林誠司が菅野智之、大城卓三が戸郷翔征の先発試合でスタメンマスクをかぶる。好結果が出れば次の試合もペアを組む。あれはあれではっきりしていていいのではないか。

ただ、どのポジションにしてもそうだが、「この日の好結果だけを求めるのではなく、ここで代えてしまったら彼のためにならない」というものがある。しかも、「この先、この捕手は絶対チームに必要になる」と考えたときに、少々痛い目にあっても、我慢できる。

捕手出身の阿部慎之助監督（巨人）は、いま一歩煮え切らない大城を我慢して起用していたが、お灸を据《す》えて2軍に落とした。代わりに岸田行倫が成長し、1軍復帰後の大城も発奮した。「経験」と「成長」は違う。勝ち試合、1点取られたら負けのシビれる場面でマスクをかぶらせてこそ大いに「成長」するのだ。

25

2軍は技術指導、1軍は経験伝授

捕手は現役引退後もバッテリーコーチとして重宝がられる。しかし、2軍と1軍では根本的に教える内容が違う。2軍では「キャッチング」「ブロッキング」「スローイング」の技術だ。1軍では「リードの経験の引き出し」を開けて教えてあげる。「俺があのときに経験したのはこうだったよ。だから君のリードは少し違うんじゃないかな」と。

私は2002年、03年と捕手兼任コーチを務め、04年に監督に就任した。あるとき、ふと「もう少し目線を下げてみよう」と思ってから、若手捕手との距離が縮まっていった。結果、レギュラーシーズン2位からプレーオフ（現・クライマックスシリーズ）を勝ち上がり、日本シリーズでも「落合博満・中日」を破って、監督就任1年目に日本一の美酒に酔えた。「なぜできないんだ」ではなく、選手目線になったのが勝因だった。

06年には炭谷銀仁朗（05年高校生ドラフト1巡目）を高卒新人捕手開幕スタメン（史上2人目）に抜擢した。私が1軍の試合に出たのはプロ入り1年目（33試合出場）だったが、炭谷の「リード」「キャッチング」「ブロッキング」「スローイング」、サインを出すタイミングは、高卒新人とは思えないぐらい完成されていて、早やオープン戦中盤に「開幕スタメン」を決めたほどだ（06年炭谷出場54試合）。

26 「自分自身のリード」を作れ

対する細川亨（２００１年自由獲得枠）はその06年に大卒5年目。04年には１００試合以上出場して日本一も経験しているのだから「おい、高校生に負けるなよ」と尻を叩いたものだ。

細川は私に「9回から逆算すること」「ストレートとカーブという球種の重要性を学んだ」と言っているらしい。毎試合終了後、2、3時間は細川とミーティングを続けた。西武球場の周囲は街灯も少なくて、帰宅時は真っ暗だったのも懐かしい。

「9回から逆算」とは、先述したように「1番から9番打者、すべてを抑えなくていいんだよ」ということ。また、当時の西武にはストッパー・豊田清（通算157セーブ）や小野寺力（通算59セーブ）がいて、終盤、中盤から逆算できた。投手にはやはりストレートが重要だという話をした。

こちらのリードを押しつけるのではなく、「とにかく自分のリードを作っていけ」と言ってリードさせた。打者を抑えたのが、「細川にとっての正しいリード」に昇華されていった。基礎をしっかり作って、炭谷はこの24年でプロ19年目、細川にしても長い19年間の現役生活を送ってくれた。

27 「見えない部分を見る」坂本、「質問魔」田村

セ・リーグで私が起用したい捕手と言えば、坂本誠志郎（阪神）だ。守備に安定感がある。「捕手しか見えない部分」を見る力がある。2023年の日本シリーズに関して「途中からリードが変わったんじゃないかい？」と訊ねたら「迷いがありました」と正直に答えてきた。

坂倉将吾（広島）は打撃が魅力だ。戸柱恭孝（DeNA）は大学、社会人野球経由のプロ入り1、2年目は100試合以上に出場するレギュラーだった。何球でも同じコースにいく「ね

ちっこいリード」を評価している。中日ヘッドコーチ時代の木下拓哉らにも期待する。

パ・リーグでは田村龍弘（ロッテ）だ。私がロッテ監督1年目の13年、高卒ドラフト3位入団のルーキーだった。「田村、交代だ」と告げても、「監督、もう1イニング出ますよ！」といううふてぶてしさがあった。「質問魔」で、捕手出身監督の私に臆することなく、いろいろ聞いてきた。結果、プロ3年目の15年から100試合以上に出場して、レギュラーの座を奪取した。

甲斐拓也（ソフトバンク）のスローイング、ブロッキングには目を見張るものがある。しかし、リード面でもうワンランク上にいってもいいのではないか。田宮裕涼（日本ハム）は、彗《すい》星《せい》のごとく現れた。クリーンアップも打っている。今後どれだけ伸びるか楽しみだ。

28 江川、山口高の剛球を受けたかった

私が個人的に受けてみたかった、かつての名投手は〝怪物〟江川卓さん（巨人）だ。1983年と87年の日本シリーズで対戦しているが、バッテリーを組んだことはない。スピンの利《き》いたホップ成分が高いストレートとカーブの2種類で通算135勝は凄いと思う。

もっとさかのぼれば山口高志さん（阪急。通算50勝44セーブ）。169センチの小柄な体を帽子が脱げるぐらい目一杯使って投じた物凄いストレートは「史上最速の剛球」と評判高い。

75年から78年の阪急4連覇黄金時代の原動力となった。実際に投球を拝見した82年は現役最終年だった。

引退後は阪神投手コーチとして、ドラフト1位で入団しながら鳴かず飛ばずの藤川球児に「もっと上から投げ下ろしたらどうだ」とアドバイスを施《ほどこ》した。それが、あの〝火の玉ストレート〟を生んだそうだ。

村田兆治さん（ロッテ。通算215勝）は85年のオールスターでバッテリーを組み、ストレートとフォークボールを受けさせていただいた。

現在だったら佐々木朗希（ロッテ）の164キロストレートだ。メジャーリーグでは2024年に右腕ベン・ジョイス（エンゼルス）が105・5マイル（169・78キロ）をマークした。史上最速は10年にアロルディス・チャップマン（現・パイレーツ）が計測した105・8マイル（170・27キロ）。

そのクラスのストレートを自分で体感したい。味方としてバッテリーを組むならコントロール主体の投手だが、速球派を受けてみたいのは捕手としての性《さが》かもしれない。

29 江夏の「外角低目」と繊細な指先感覚

江夏豊さん（通算206勝193セーブ）。私のプロ入り時は日本ハムの守護神で、1982年と83年に代打としてよく対戦した。江夏さんが84年西武に移籍してバッテリーを組むとき、私の気持ちは高揚《こうよう》した。

「いいか伊東、投手というのはな、右打者へも左打者へもアウトロー（外角低目）なんだ」

左投手の江夏さんは、右打者のヒザ元（内角低目）にクロスファイヤーで投げ込んだが、外角低目のコントロールが秀逸だった。ふだんの投球練習でも「ストライクゾーン外角低目の出し入れ」を極めようとしていた。よく「球半個分」と表現されるが、大げさではなく本当に3、4センチの勝負だった（編集部注／硬式球の直径は72・9〜74・8ミリ）。

79年日本シリーズ『江夏の21球』のカーブのように、阪急戦でスクイズを外してくれた。私とバッテリーを組んだときはストレートだった。私はウエストのサインを出していない。

三塁走者の動きが見えない左腕の江夏さんだが、「雰囲気が見えている」と表現していた。スクイズのとき、打者は投球に差し込まれたくないから、どうしても気持ち早めに構えてしまう。投球のリリースぎりぎりまで粘って、打者の微妙な仕草から察知して外したのだろう。まさに神業だった。

打者が想像していない球だからやはり空振りする。あまり緩かったら打者に当てられる。速すぎたら捕手が捕れない。そのさじ加減、指先の感覚が絶妙だった。

30 前打席を加味した「積み上げ型」リード

江夏さんは、『江夏の21球』で佐々木恭介さん（近鉄）を最後内角低目カーブで空振り三振に取るには、その直前に同じ軌道のストレートを投げるという「逆算型の配球」だったそうだ。江夏さんレベルの繊細なコントロールの持ち主だったら、いつもそういう考えで投げていたのだろう。1点取られたらサヨナラ負けで、日本一になるか逃がすかの大事な局面。それだけ自分が狙っているところに投げられる技術があったという事実だ。

私は、逆算型とまではいかないが「最後はこの球種で打ちとりたい」という狙いはある。そのために餌撒きを考えながらリードしている。前の打席ではこういうリードをしたなというものと照らし合わせながらリードする。

だが、そこまで思った通りにならないのがほとんどなので、途中で変わってくるし、基本は「積み上げ型」のリードだ。

そういえば1992年、93年の日本シリーズで対戦した野村克也監督（ヤクルト）が、「伊東は次の打席で『安打したのと同じ球』『凡打したのと逆の球』を投げさせる。打者の裏をかくリードだ」と、ほめていてくれたそうだ。

31 「物語を作れる」捕手とは？

最近なかなか「物語を作れる捕手」が少なくなった印象がある。野球自体がそういう1打席1打席の勝負になっている気がする。ひと昔前の野球は、1試合4打席トータルで、短期決戦の日本シリーズを例に出すなら7試合がつながって、捕手のリードによって各投手のよさが引き出せたと思う。

事前ミーティングでマークする中軸選手を分析通り抑えても、突如現れたラッキーボーイに打たれたりする。それも短期決戦の戦い方であり、リードによって「勝利への物語を作っていく」のが「捕手冥利《みょうり》に尽きる」ところだと思う。

1992年と93年の日本シリーズ西武VSヤクルトなど、各年の7試合にしても、2年越しのシリーズとしても、つながりと物語があった（92年西武4勝3敗、93年はヤクルトが4勝3敗で雪辱）。

最近では2021年、22年と日本シリーズを戦ったオリックスーヤクルト戦は、意外と試合がつながっていた。捕手はオリックスが若月健矢、伏見寅威（現・日本ハム）の併用、ヤクルトは中村悠平のひとり捕手だった。打ち合いは見ている人にとって面白いだろうが、僅差の試合も捕手出身の私にとって面白かった。

32 「野球の試合を支配できる」捕手の醍醐味

思えば、捕手をやっていて「楽しい」と感じたことは1度もなかった。何の責任もなく好きにやっていた小学校時代は別にして、中学野球からはいつも他人のことを考えてやる野球人生に変わった。捕手をやっている人間はみんなそう言うのではないか。

現役時代リーグ制覇14度、日本一8度を味わわせてもらった満足感はあるが、頂点に立った瞬間は「安堵《あんど》」でしかなかった。特に西武の場合、勝利が宿命づけられて、いつも重圧に苦しんでいた。

私はプロ22年目の40歳のとき、一塁から三塁への走塁中、人生で初めて肉離れを起こした。それまでケガらしいケガをしたことがなかったのに、復帰して同じ箇所をまた痛めた。

野球の神様が「そろそろ潮時だぞ」と、伝えてくれているのを感じた。

捕手をやって楽しいと感じたことはないとは先述した。だが、「野球は点取りゲーム」と言われるだけに、逆にいかにその点数を抑えていくか。「点を取られないで勝つ」ときこそが、捕手冥利に尽きるときだ。点を取られなければ、試合に負けることはない。捕手である私の思考のベースはそこにある。

経験を重ねて作り上げた自分自身の「引き出し」の中から、考えて考えて、でも導き出した結論は意外と簡単な答えだったりもした。そんなギャップも面白い。

疎《おろそ》かにされがちなポジションである一方、1番奥底の深いポジションではないか。「投手が投げないと試合は始まらない」と言う人もいるが、その前に「捕手がサインを出さないと野球は始まらない」。言うなれば捕手には「野球の試合を支配」できる醍醐味がある。

現役引退後、西武監督（04年日本一）とロッテ監督を歴任。2009年WBCでは、原辰徳監督のもと総合コーチも務め世界一を経験した。

時は流れた。監督時代は選手に直接言いづらい部分もあったが、齢《よわい》六十を前にして就任した中日ヘッドコーチ時代は、味方チームのバッテリーはもちろん、相手チームの選手にもアドバイスを施した。できるだけ多くの「野球の若人たち」の将来のために、培ってきた「引き出しの中身」を伝えられればと思ったのである。

今回の話を引き受けたのも、野球界の普及発展にお役に立てれば、望外の喜びだと思っている。

ストライクゾーン分割表

伊東 勤

9分割の外側の0.5枠で三振を狙う

A	B	C	D	E
P	1	2	3	F
O	4	5	6	G
N	7	8	9	H
M	L	K	J	I

投手方向から見た図

伊東 勤の仮想リード

US 日本人ミート中心の右打者

腰の開きや足元の位置を見る

1球目 ＝ 外角低目ストレートは、ボール球で様子見 …………………… 1B－0S
2球目 ＝ 外角寄り高さ真ん中カーブは、見逃しストライク……………… 1B－1S
3球目 ＝ 外角低目スライダーは、見逃しストライク ……………………… 1B－2S
4球目 ＝ 外角ベルト付近スライダーは、ボール …………………………… 2B－2S
5球目 ＝ 内角ベルト付近ストレートは、ボール …………………………… 3B－2S
6球目 ＝ 真ん中低目フォークボールか、外角スライダーで勝負

球種の凡例

○	ストレート 144～150km/h
◁	シュート 135～140km/h
楕円	カット 135～140km/h
▽	フォーク 130～135km/h
▷	スライダー 128～135km/h
□	チェンジアップ 120～125km/h
△	カーブ 115～120km/h

配球図の見方

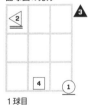

1球目
ストレート／ファウル
（線1本）
2球目
シュート／空振り
（線2本）
3球目
カーブ／ボール（白抜き）
4球目
チェンジアップ／見逃し

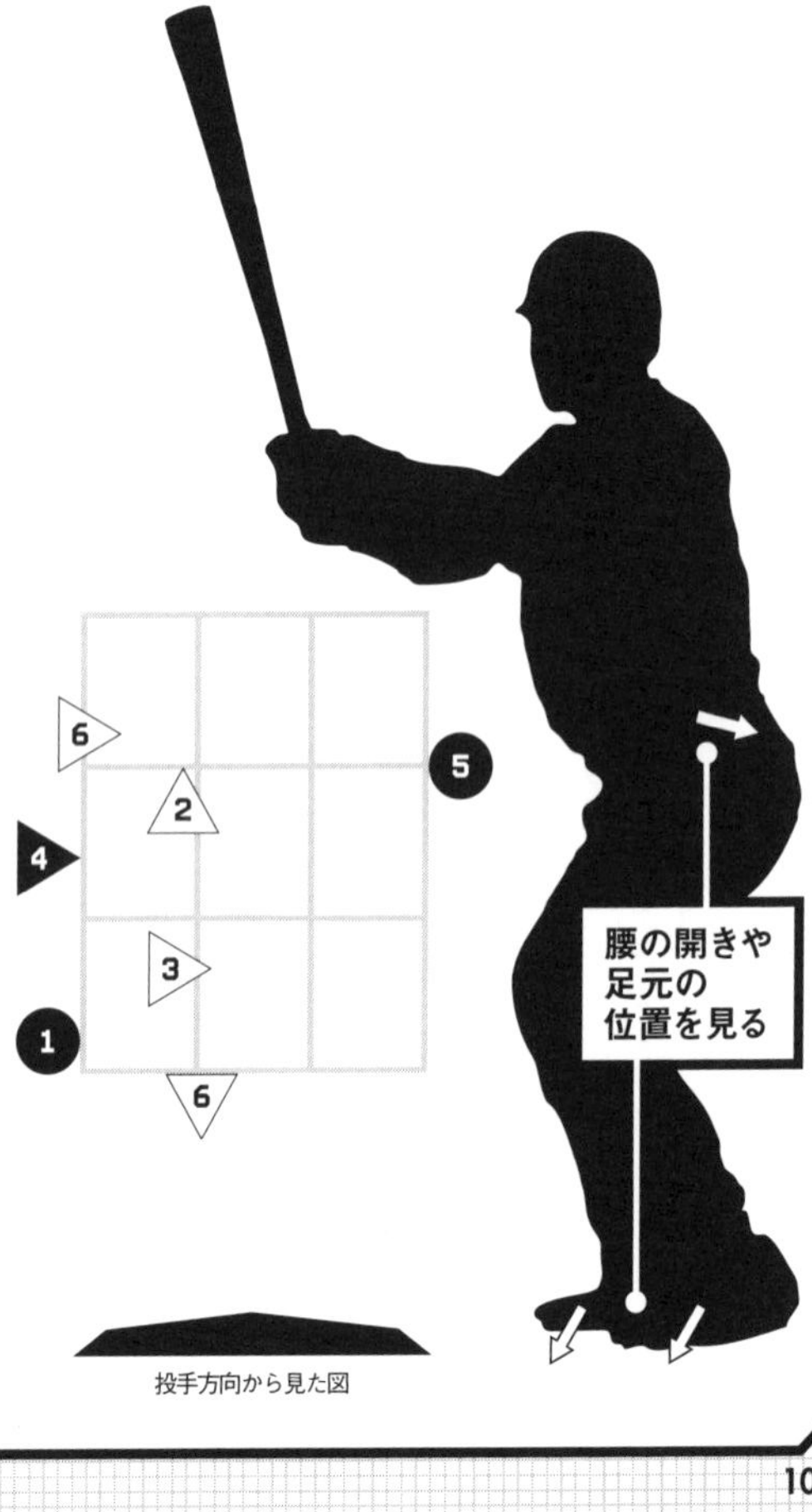

US 外国人長距離砲の右打者

ストライクゾーンで勝負しないで、ボール球で誘う

1球目 ＝ 真ん中低目フォークボールは、空振り …… 0B−1S
2球目 ＝ 真ん中低目フォークボールの、ボール球に手を出させる
または、
1球目 ＝ 真ん中高目ストレートは、ファウル …… 0B−1S
2球目 ＝ 真ん中高目ストレートは、ボール …… 1B−1S
3球目 ＝ 外角低目スライダーは、ボール …… 2B−1S
4球目 ＝ 外角低目フォークボールで勝負

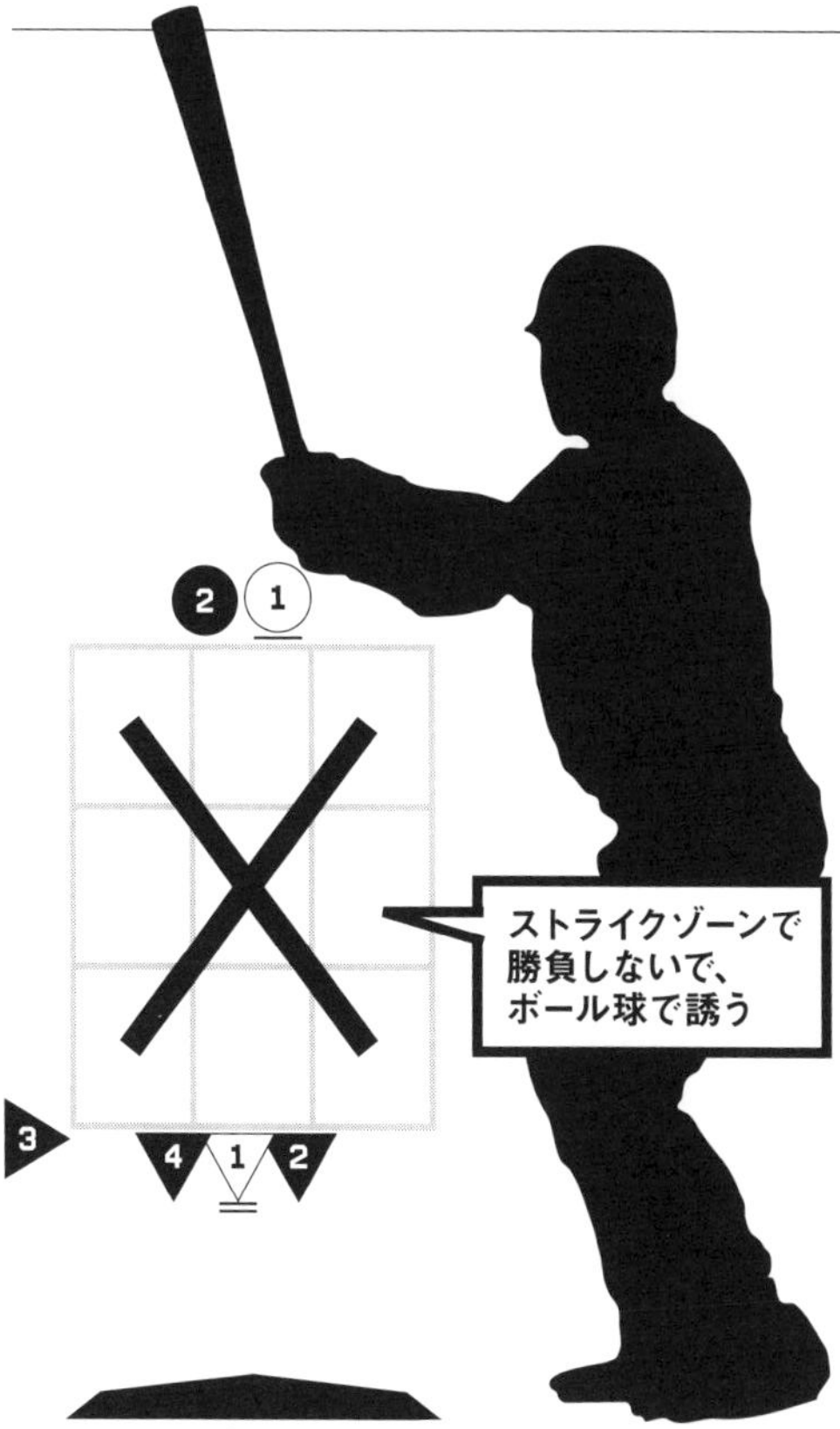

ストライクゾーンで
勝負しないで、
ボール球で誘う

投手方向から見た図

球種の凡例

○	ストレート 144〜150km/h
◁	シュート 135〜140km/h
⬭	カット 135〜140km/h
▽	フォーク 130〜135km/h
▷	スライダー 128〜135km/h
□	チェンジアップ 120〜125km/h
△	カーブ 115〜120km/h

配球図の見方

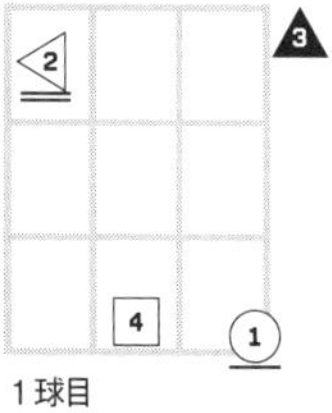

1球目
ストレート／ファウル
（線1本）

2球目
シュート／空振り
（線2本）

3球目
カーブ／ボール（白抜き）

4球目
チェンジアップ／見逃し

US ストレート系に強い打者

ストレートに強い打者には、ストレートはボール球を要求して、外角変化球でストライクを稼ぐ

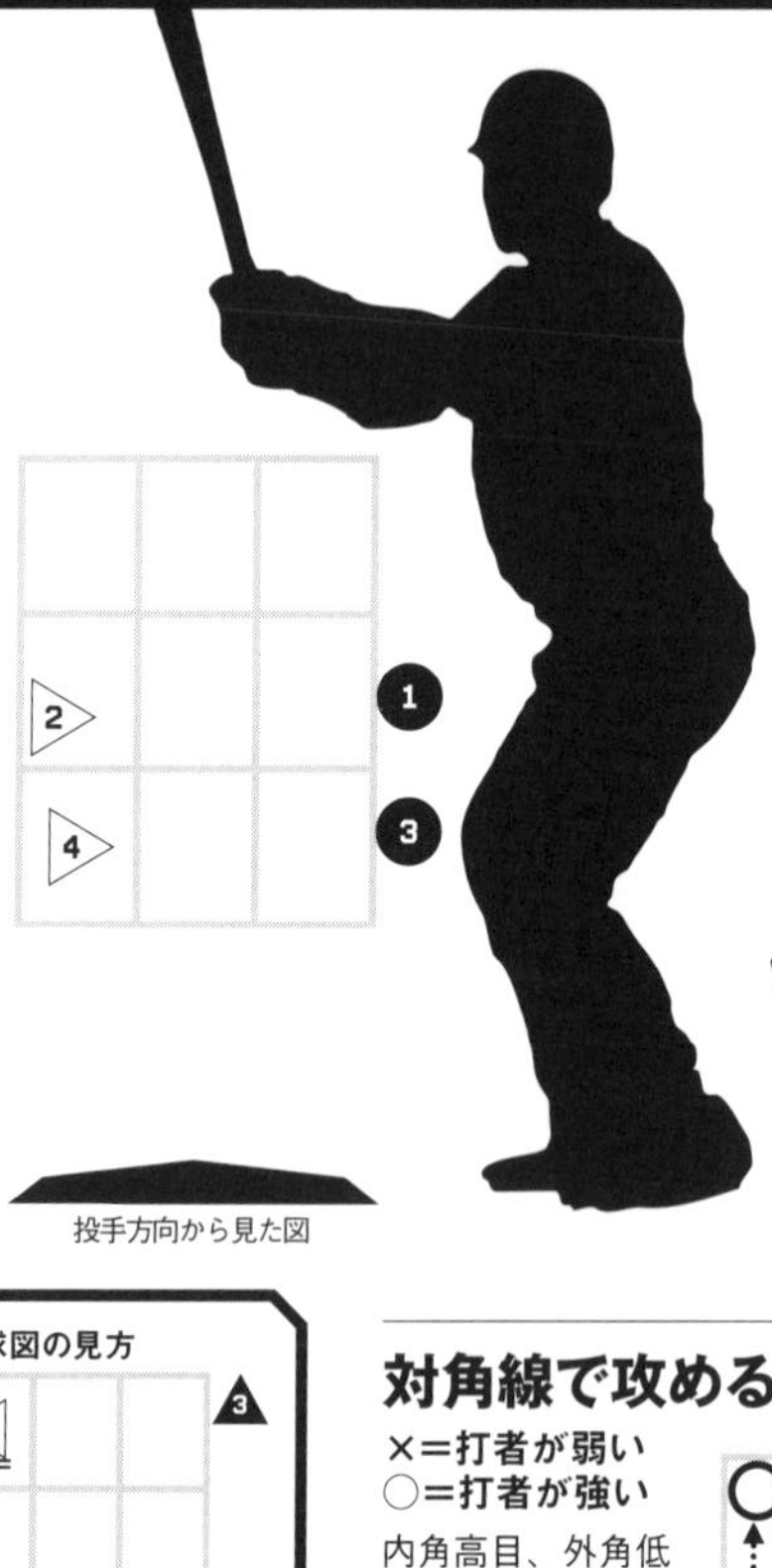

投手方向から見た図

球種の凡例

記号	球種	球速
○	ストレート	144～150km/h
◁	シュート	135～140km/h
⬭	カット	135～140km/h
▽	フォーク	130～135km/h
▷	スライダー	128～135km/h
□	チェンジアップ	120～125km/h
△	カーブ	115～120km/h

配球図の見方

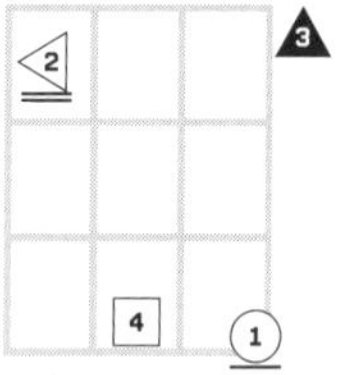

1球目
ストレート／ファウル
（線1本）

2球目
シュート／空振り
（線2本）

3球目
カーブ／ボール（白抜き）

4球目
チェンジアップ／見逃し

対角線で攻める

×＝打者が弱い
○＝打者が強い

内角高目、外角低目を弱い選手が多い。
また、内角高目が弱いと内角低目が強く、外角低目が弱いと外角高目が強い打者が多い。

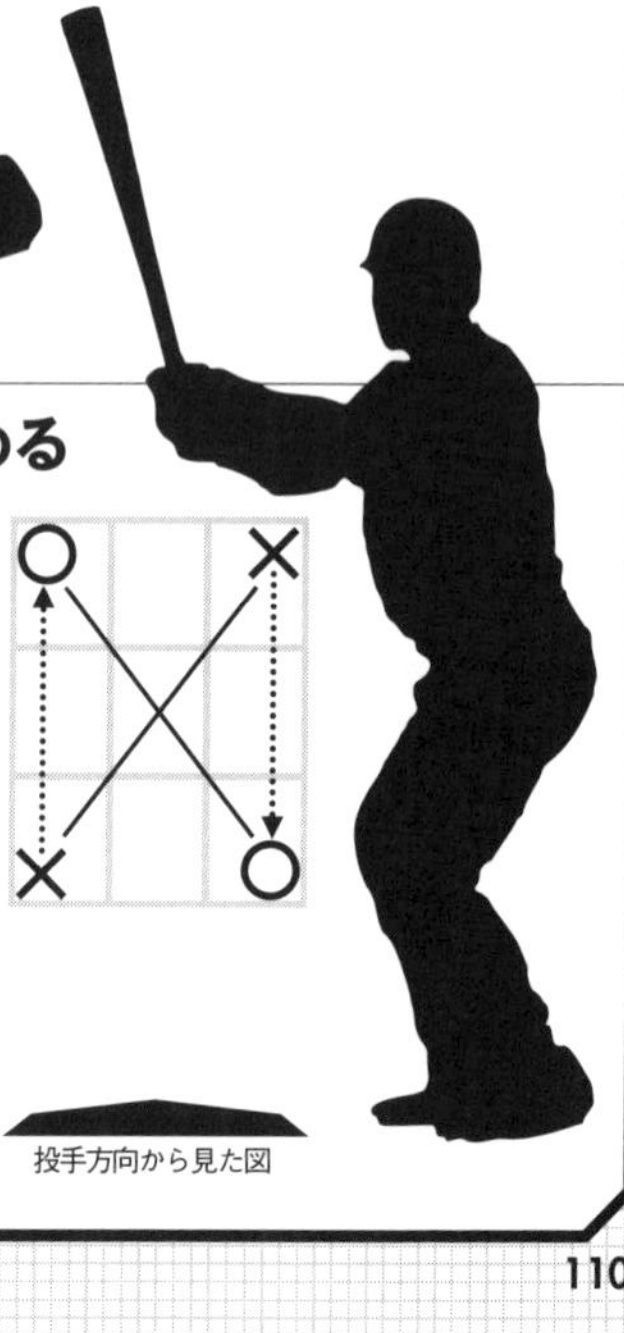

投手方向から見た図

伊東 勤の仮想リード

「伊東ノート」の書き方

対角線の攻めを基本に×○を書き込む。「対イチロー」はどうしたのか？

球種の凡例

○	ストレート 144〜150km/h
◁	シュート 135〜140km/h
⬭	カット 135〜140km/h
▽	フォーク 130〜135km/h
▷	スライダー 128〜135km/h
□	チェンジアップ 120〜125km/h
△	カーブ 115〜120km/h

×＝打者が弱い
○＝打者が強い

・「内角高目—外角低目」「内角低目—外角高目」の対角線を基本に攻めていく。

・「きょうはここで抑えた」「きょうはここを打たれた」など、今はもう持っていないが、かつてのメモはこのような図を書いてアップデートしていった。

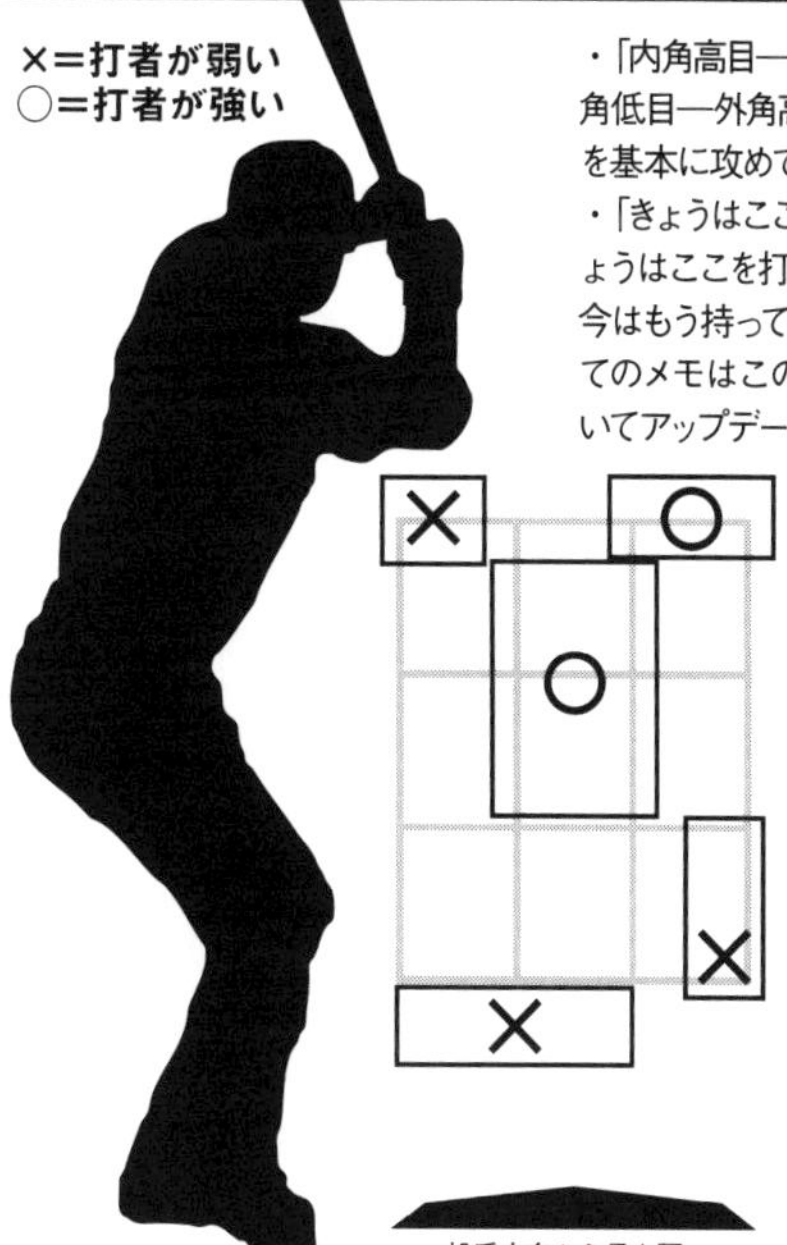

投手方向から見た図

VS イチロー

「高目のストレート系を意識させて、低目の変化球で勝負が基本線。
本塁ベースから離れて立っているので内角球は打つが、外角球にも手が届く。打ち損じを待つ打者だ」（2000年×月×日）

投手方向から見た図

配球図の見方

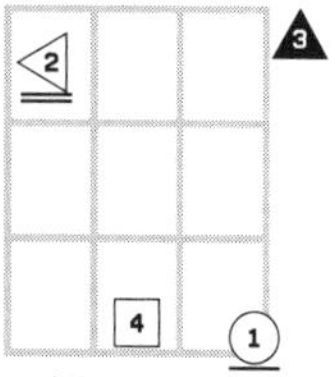

1球目
ストレート／ファウル
（線1本）

2球目
シュート／空振り
（線2本）

3球目
カーブ／ボール（白抜き）

4球目
チェンジアップ／見逃し

「左ヒジを拠点にワイパーの動き」

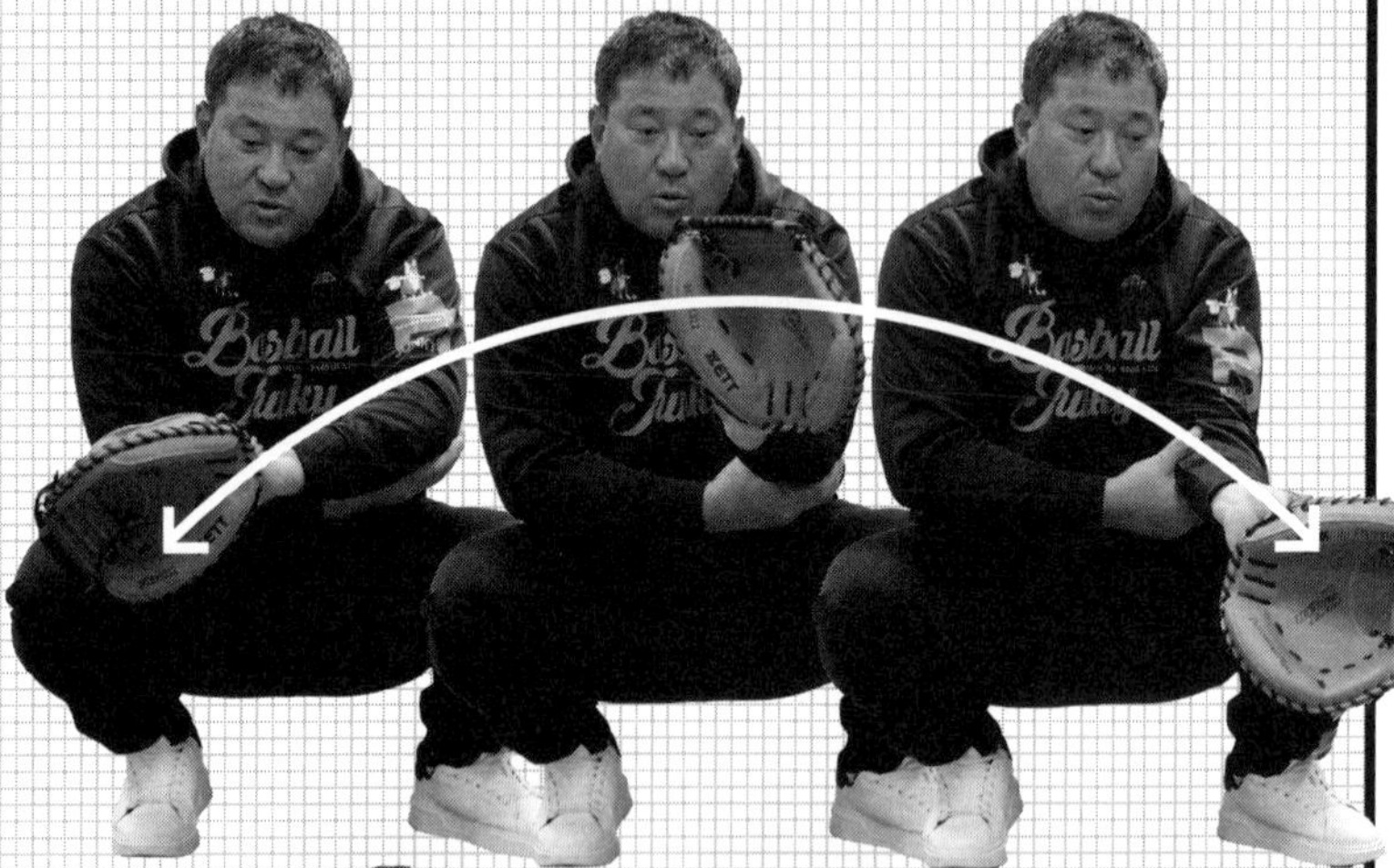

ミットの動き

ヒジを拠点に「ワイパーの動き」で捕球、ミットの面が投手に見えるように。

右手を隠す

ファウルチップが当たって骨折しないように、右手は尻の後ろに隠す。

右手の注意点

右手を出しているときは、ミットの後ろに隠し、拳を作って親指を中に入れる。

無走者のとき

ヒジを左ヒザの上に置いてラクに構えた。

有走者のとき

走者がいるときは、ヒザを地面に着かないのが必須。

ミットを構える位置

ストライクゾーン低目を意識。投球のリズムに合わせ、1度下げてもいい。

「球半個分ボールをストライクに見せる技」

球審からの視点

小指を内側に入れると、球審の位置からはストライクに見える(写真＝後ろ側から見たイメージ)。

内角球の捕り方

右打者の内角で球半個分外れたときは「捕る瞬間に小指を内側に入れる」。(左投手のスライダー内角低目は、捕手の体も一緒に左側に動かないように注意)。

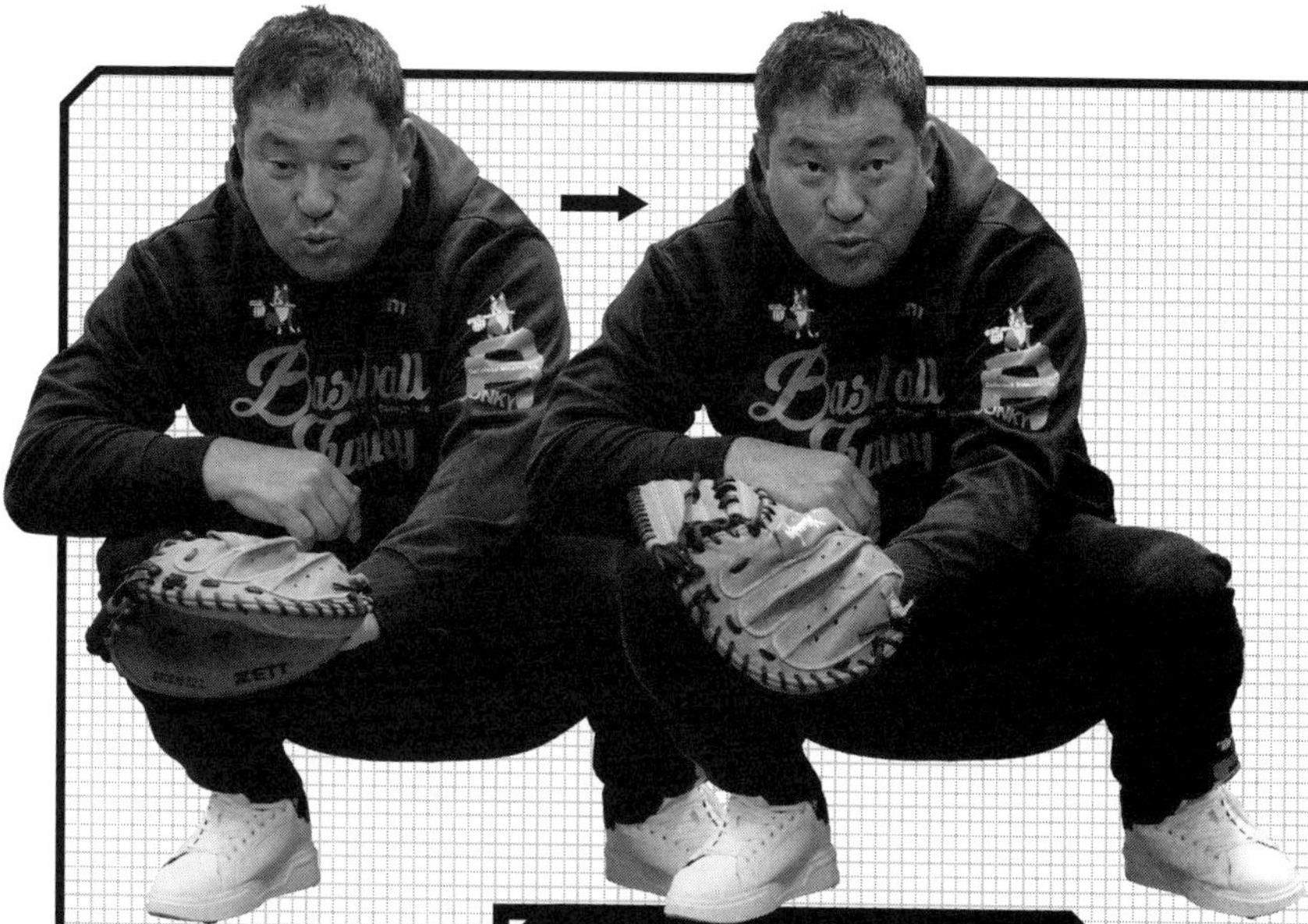

外角球の捕り方

右打者の外角で球半個分外れたときは「捕る瞬間に親指を立てる」。内角でも外角でも、親指を上に向け、ミットを「縦に使う」イメージ。

キャッチングへの自信

「野球で自慢することはないが、キャッチングに関してはかなり自信があった」（伊東）。球半個分外れたボール球を、どうストライクに見せるかの技術は、投手を助けることになる。

低めの捕り方

真ん中低目は、少し引き上げるような感じ。「仰向け」捕球は、完全なボール球のとき。

C ブロッキング

「自分の体を壁にする」

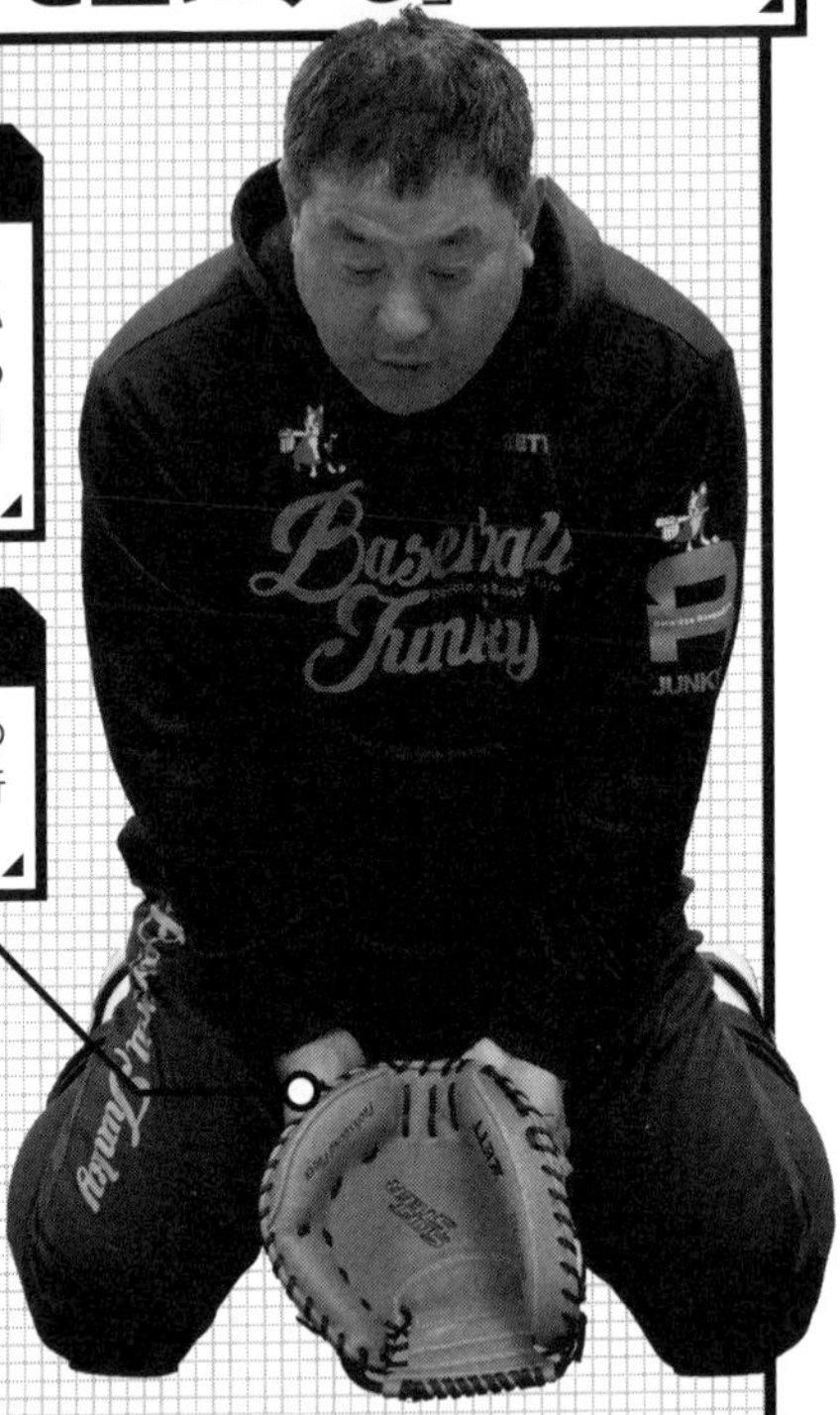

体全部を壁にする

ヒザを地面に着いていない状態から、ワンバウンド投球が股間を通らないように素早く両ヒザを落とす。球の“逃げ道”を作らないイメージで、自分の体全部を「壁」にする。

右手を隠す

右手はミットの後ろに隠す。隠すのが遅れると投球が直接当たって骨折するので要注意。

体を内側に入れる

体を開いていると、ワンバウンドを弾いて後逸する。曲がり球の外角ワンバウンドには右肩を少し内側に入れる。内角ワンバウンドは、左肩。

ボールが当たった瞬間に息を吐く

走者がいるときは基本的に体で止めるが、球が横方向や、大きく前に転がると走者がスタートを切ってしまう。

プロテクターに当たった瞬間に息を吐くと、球は体のすぐ前に落ちる。息を止めると、体が硬直するので、ボールが大きく弾かれてしまう。

「捕球の瞬間、右足体重」

基本ステップ

走者が動いた瞬間、あらかじめ左足を前に出して⓪、右足①、左足②のステップ。

バックステップはNG

二塁送球時、バックステップは絶対NG。

素早く球を持ち替える

ミットの芯（ポケット）で捕球して投球の勢いを止め、いかに早く右手に持ち替えるか。

投げる目標

「投手の頭から顔」を狙って投げれば、二塁ベース上に送球が行く。スナップをきかせて投げる。

左打者のとき

一塁走者の動きが見えないので、左打者の背中側からも見ておく。

内角低目の二塁送球

外角低目の二塁送球

捕ったら右足に体重を載せる

内角低目の投球でも外角低目の投球でも、捕った瞬間、「右足にしっかり体重を載せる」のがコツ。

【編集部注】伊東の現役時は福本豊（阪急）、大石大二郎（近鉄）、西村徳文（ロッテ）、イチロー（オリックス）らが盗塁王の時代。「盗塁阻止はバッテリーの共同作業」なので、投手がクセを盗まれたり、クイックモーションが甘いとき、西村には盗塁を許したが、大石の盗塁はよく阻止した。

真の強肩捕手

「盗塁阻止」以上に、「盗塁企図をためらわせる」のが真の強肩捕手だ。

捕手論。

3

捕手

西山秀二

Shuji Nishiyama

見えない「打者の心理」を見る

Shuji Nishiyama

PROFILE

- １９６７年７月７日生まれ、大阪府出身。174センチ 94 キロ、右投げ右打ち。
- 上宮高→南海（85 年ドラフト4位～ 87 年）→広島（87 年途中～ 2004 年）→巨人（05 年～ 05 年）。
- 現役 20 年＝通算1216試合716安打、打率・242、50 本塁打、282打点。
- 主なタイトル、受賞＝ゴールデングラブ賞（94 年、96 年）、ベストナイン（94 年、96 年）、オールスター出場2度。
- 通算守備率・995。
- 通算盗塁阻止率・３７４（５９７企図、２２３刺）。特に 92 年～ 97 年は6年間で5度「4割以上」の高い阻止率を誇った。
- 現役引退後は巨人（2006 年～ 10 年）、中日（22 年～ 23 年）のバッテリーコーチを歴任。

01 中学時代は桑田真澄とバッテリー

小学校のころ、楽しみながらやっていた実家の近所のソフトボールチームで、自分は「エースで4番」。大阪の南、1番大きな中河内大会で2年連続優勝を果たした。

「投手をやりたいです!」。大阪府の八尾市立大正中学校の野球部に入部した。「ボーイズリーグ」とは別組織だが、大阪は公立中学野球部のほとんどが「準硬式野球」だ。投手希望を監督に伝えたが、すでに有名だった桑田真澄(のち巨人)が偶然同じ中学の同級生にいた。「西山は捕手っぽい丸顔をしとるやないけ」。そんな理由で捕手が選ばれる時代だった。

捕手はもちろん初体験で、監督の先生がただ「球を捕れ」と言うだけ。だが、投手が桑田だからほとんどの投球がコントロールされて、自分の構えたミットに吸い込まれる。

自分が進学した上宮高校のエースにしても、サイドスローでスライダーとシュートを武器にする技巧派だったので、コントロールを巧みに操った。ちなみに上宮高では自分の2年先輩に光山英和さん(のち近鉄ほか)、1年先輩に笘篠賢治さん(のちヤクルトほか)がいて、元木大介(のち巨人)や種田仁(のち中日ほか)は4年後輩になる。

1985年ドラフト4位で南海(現・ソフトバンク)入団。プロ入りしてから初めてワンバウンドの投球がたくさん来て驚いた。ワンバウンド投球を体で止めるなんて知らなかったから、逃げながら捕ったらコーチに怒られた。こちらからすれば「そんなこと投手に言ってくれよ。構えたところに投げてこいよ」というのが偽らざる心境だった（苦笑）。

02 柴田猛から「捕手のいろは」

プロ2年目の1987年途中に森脇浩司さんとの交換トレードでセ・リーグの広島に移籍した。当時の南海捕手の先輩には岩木哲さん、吉田博之さん、香川伸行さん、広島捕手の先輩には達川光男さん、山中潔さん、植田幸弘さんらがいた。

南海時代の自分はヒジを痛めていたのと、それなりの俊足だったので、「1番・遊撃」で2軍ウエスタン・リーグの試合に出た。だが、捕手出身の柴田猛2軍監督に「リードのいろは」を教わったのが、その後の捕手としての礎《いしずえ》となった。

「安打で出た走者を大事にする監督と、四球で出た走者を大事にする監督とに大別される。監督によっては、安打は続かないものだと考えているから（サインを出して）動いてくる。四球は得点につながるものだと考えているから（サインを出さず、そのまま）ジッとしている」。実に印象的な話だった。

大捕手の野村克也さん（南海ほか→ヤクルト監督ほか）や森祇晶さん（巨人→西武監督ほか）の著書もたくさん読み込んで勉強した。だが、やはり、のちに2004年アテネ五輪のチーフスコアラーも務めたほど相手の分析に長《た》けていた柴田さんの教えがベースになった。自分が現役引退後、中日コーチに就いてからも電話で助言をいただいたぐらい信頼していたのだ。

広島移籍後しばらくして、首脳陣から「捕手に戻らないか」と打診された。上宮高の大先輩で当時阪神コーチだった〝名参謀〟一枝修平さんに相談したところ、「捕手はやりたくてもなかなかやれない難しいポジションだぞ」と、捕手兼任を勧められた。

03 「左腕キラーの三塁手」として1軍デビュー

1、2軍を行ったり来たりのエレベーター状態、「プロでの活躍はもう無理かな」とあきらめかけた高校出6年目、移籍5年目の1991年。オールスター前の7月20日の横浜大洋戦、左腕・田辺学さん（通算20勝）から、記念すべきプロ初本塁打（逆転3ラン）を放った。内角高目ストレートを3球続けられ、その3球目を仕留めた。

翌日も左腕・野村弘樹（通算101勝）を相手に代打出場。2ストライクに追い込まれたが、「ここで打たなくては昨日の一打の価値が半減する」という強い思いのもと、フォークボールをセンター前に弾き返した。この試合もチームは逆転勝ちを収めた。

オールスター後は「左腕登板時のレギュラー」扱いで起用された。相撲で言えば「幕尻」から「前頭筆頭」に昇格した感じだ。思えば、あの「2打席」がプロ野球人生のターニングポイントだった。あれが現役20年間で1番印象深い出来事だ。

自分は左足を上げたあと、ひと握り短く持ったバットを「小さな円を描くようにスイングする」独特な打法だった。なぜなら、高校野球の金属バットからプロの木製バットになって本塁打を量産するのは難しいと感じた。バットの芯に投球をぶつけるにしても、詰まったら痛い。バットも折れる。

詰まりそうな瞬間、バットのヘッドをずらすことを覚えた。いわゆる「左ヒジを抜く」感覚であり、それが右打ちの始まりだ。基本、ストレート待ちで、変化球を拾っていくタイプ。たまにヤマも張った。

その91年、チームは中日を引っ繰り返し、5年ぶり優勝。自身、初めて優勝を経験した。捕手3番手でベンチ入りし、左腕登板時のスタメンや代打出場。西武との日本シリーズでも工藤公康さん（通算224勝）先発の第1戦「6番・ライト」、第5戦「6番・三塁」でスタメン出場した。プロでやっていく自信めいたものを得られたが、無我夢中だった。

04 達川のぶっきらぼうなアドバイス

広島の名捕手・達川光男さんのリードの薫陶《くんとう》を受けていると思われがちだが、野球の話を実はほとんどしなかった。たった1度きりのアドバイスを鮮明に憶えている。

当時のエース・大野豊さん（通算148勝138セーブ）のパームボールは物凄く切れがよくて、極端な話、バッテリー間18・44メートルの真ん中あたりで落ちるイメージだ。自分がスタメンで初めて大野さんとバッテリーを組んだ1990年のこと、大野さんに言われた。「きょうはニシ（西山）の言う通りに投げるから、好きなようにサインを出しなさい」。

だが、自分はあんなに切れのいい球を投じる大野さんを正直なところ、リードし切れなかった。メッタ打ちされて10点近く取られる惨敗だった。コーチに怒られる自分を大野さんはかばってくれた。「いいんだよ。俺は納得して、ニシのサインにうなずいて投げた。俺の球が甘くて打たれたんだから、投げた俺が悪い。お前が気にすることはない。また次、頑張ればいい！」。

だが、大量失点は、明らかに自分のリードが至らなかったせいだ。口惜しくてたまらない。

「達川さん、お願いです。教えていただけないですか。大野さんのとき、どうリードすればいいんですか？」

「それはな、お前がストレートを投げさせたいと思ったら、変化球のサインを出したらエエ。お前が変化球だと思ったら、ストレートのサインや。そうしたら打たれんよ」

そのひとことだけ。こちらが真剣に悩んで頭を下げて頼んでいるのに、「逆のサインを出せ」だと!? そんなに自分のリードが箸《はし》にも棒にもかからないというのか!? 年齢もひとまわり違うから、バカにされたような気分だった。

05 ストライクを無理に欲しがるな

しかし、1992年の開幕戦で達川さんがケガをして、急きょ試合途中に捕手マスクのお鉢が回ってきた。結局、達川さんはその92年37歳で引退。自分は92年79試合、93年は110試合に出場してレギュラーの座をガッチリつかんだ。

自分が大野さんとメインで組むようになって、達川さんの言葉の真意が初めて胸にしみた（編集部注／92年大野はセ・リーグ「最多26セーブ」、93年も23セーブ）。

要するに、自分は「カウントによってストライクを取らなくてはいけないリード」をする。例えば1ボールのとき、2ボールにしたくないから、ストライクを欲しがってストライクゾーン近辺に来る投球を要求する。バッティングカウント（カウント2ボール0ストライク、3ボール1ストライク）でも同様だ。打者もある程度イメージしている球種なので、それをまんまと打たれる。でも達川さんは、そこでストライクでなくても、「切れのある球」を要求する。先述のごとく、大野さんの球はワンバウンドでも切れがいいから打者が手を出す。だからカウントが自然と整えられていく。

「リード」が何たるかを自分が分かり始めたころに「達川さんの言っていたことはこういうことだったんだ」と初めて理解できた。達川さんの独特な言い回しだったけれど、一から十まで教えるのではなく、本人に気づかせたほうが実になるという深謀遠慮《しんぼうえんりょ》だったと解釈した。

それを（高橋）慶彦さんに話したら「絶対にそんな深くはないよ」と一笑に付された（苦笑）。いつか達川さんに聞いてみたいと思っているが、いずれにせよ達川さんが自分のリードをよく見てくれていて、端的に表現してくれたことに変わりはない。

06 超一流投手は「エエんじゃ走られても」

自分の現役時代は、捕手と走者の意地の張り合いだった。赤星憲広（阪神。通算381盗塁）に走られたくなかったから徹底してウエストしたが、赤星も3ボール1ストライクのようにウエストできない場面で走ってくる。投手全体のクイックモーション技術が向上して、自分が引退した2005年の赤星以来、もう20年間もセ・リーグでは「60個以上の盗塁王」は出現していない。

かつての広島は佐々岡真司にしても、その前のエース・北別府学さんにしても、思い切り左足を上げて投げていた。「エエんじゃ走られても。走者を本塁に還さなきゃいいんだから。ワシ、あとは打たれれんから」と、一塁牽制もしなかった（苦笑）。だから、自分も盗塁阻止率など気にしなかった。

それでも盗塁阻止率が毎年4割近くいった。盗塁阻止は「投球1・2秒＋二塁送球1・8秒」と「走者二盗3秒」の攻防だ。盗塁阻止の3条件の優先順位は「正確な送球を」「捕球からステップワークとスローイングを早く」「強い球を投げる」だ（P165参照）。

自分は遠投90メートルと地肩自体は強くなかったが、捕ってからが早く、二塁送球のコントロールがよかった。

07 6年間、盗塁阻止率4割の強肩

捕手の強肩の目安は「盗塁阻止率4割」だ（編集部注／2023年ヤクルト・中村悠平＝104試合、企図59、刺24、盗塁阻止率・407、23年西武・古賀悠斗＝100試合、企図68、

刺28、盗塁阻止率・412)。

古田敦也さん(ヤクルト)の盗塁阻止率が突出して高かっただけ(通算18年・462)で、1992年から6年間の盗塁阻止率は自分で言うのもナンだが4割前後で高かった。そんなに強肩ではなかったけれど、「投球を捕ってから二塁送球」までの一連の流れが早かった。

(編集部注/92年76試合、企図40、刺19、阻止率・475。93年108試合、企図65、刺30、阻止率・462。94年125試合、企図68、刺26、阻止率・382。95年82試合、企図38、刺18、阻止率・474。96年123試合、企図69、刺28、阻止率・406。97年98試合、企図64、刺28、阻止率・438)

08 指導者は結果論でモノを言ってはならない

捕手のリードはとかく「結果論」で語られるものだ。ベンチの指導者は捕手に対して「初球の入りに気をつけろ」とよく檄《げき》を飛ばす。だが、言われなくても捕手はみんな初球に気をつけている。なのに、ポテンヒットになったら「だから気をつけろと言っただろう」と怒るし、打者を抑えたら「気をつけろと言ったおかげだ」と満足する。しかし、どちらも結果論にすぎない。絶対に打たれないリードとなると捕手は初球、投球をウエストするしか選択肢がなくなるのだ。

1994年、広島監督に就任した三村敏之さんは自分を信頼してくれた。「ベンチの顔色をうかがわなくて大丈夫だ。西山に任せているのだから、お前が考えて責任を持ってサインを出しなさい。それを結果論でとやかく言わない。バントシフトもベンチの指示を仰がなくていいから、お前が動かすんだ」。以来、「ベンチと野球をやる」ことがなくなった。この葛藤《かっとう》は捕手につきものだ。

94年、古田敦也さん（ヤクルト）にケガがあったにせよ、村田真一さん（巨人）、中村武志さん（中日）、関川浩一（阪神）、谷繁元信（横浜）を抑えて、ゴールデングラブ賞とベストナインを初受賞できた。2つの賞を狙って獲れたのは、捕手としてやっていける大いなる自信になったものだ。

ベンチからの〝雑音〟を文字通り〝完封〟できた。96年は打率も盗塁阻止率も古田さんを上回り、古田さんの全盛時代に割って入り、ゴールデングラブ賞とベストナインを再度同時受賞できたのはさらなる自信につながった。

09 「規定打席3割」は広島捕手で西山だけ

1993年にレギュラー定着、94年と96年にベストナイン受賞。96年広島はチーム打率・2

81。ピート・ローズ三塁手、ジョージ・フォスター左翼手、ジョニー・ベンチ捕手らを擁して圧倒的強さと人気を誇ったレッズになぞらえ、「広島ビッグレッドマシン」と称された強力打線だった。

1（右）緒方孝市・279、50盗塁。2（二）正田耕三・235、41犠打。3（遊）野村謙二郎・292、68打点。4（三）江藤智・314、32本塁打。5（中）前田智徳・313、65打点。6（一）ルイス・ロペス・312、109打点。7（左）金本知憲・300、27本塁打。8（捕）西山秀二・314。

山本一義打撃コーチが「ニシ、規定打席3割を1度やってみろ。世の中が、お前を見る目が変わるぞ」と背中を押してくれた。最後の最後、三村敏之監督に「観客に顔見せで代打に行け！」と言われて凡打に終わり、打率が下がってセ・リーグ8位。あの1打席がなければ松井秀喜（巨人）らを抜いて5位だったのに、残念極まりない（苦笑）。

（編集部注／「規定打席3割」は歴代広島捕手で西山1人だけ）

10 キャッチングが最低限できたら、あとは打て！

捕手の仕事には「リード」「キャッチング」「ブロッキング」「スローイング」「バッティング」

の要素がある。全部大事だが、あえて優先度を示すとしたら自分は「後逸しないこと。まずは捕ること」を第一に挙げる。

球審にストライクとボールどちらと言われてもいいような際どい投球をストライクにするのが「キャッチング」であり、ボール球をストライクにするのが「フレーミング」とも言われる。フレーミングが上手いから好捕手だとは思わない。ワンバウンドをきちっと止める。サインを出したコースと反対の「逆球」が来ようが、全部捕る。つまり「ブロッキング」であり、キャッチング」の安定がまず1番だと自分は思う。

次に「スローイング」なり「リード」。先述の繰り返しになるが、最近は150キロ級のスピードボールを投げ、クイックモーションなど投手のレベルが著しく向上し、盗塁の戦術は減った。リードは10年もマスクをかぶれば、〝痛い目〟に何度もあった経験値により、誰もがおのずと覚えるものだ。「守ること」が自分の現役時代の捕手には優先度が高かった。

しかし、最近は特に「打つこと」が好捕手の条件になっているのではないか。自分は若い捕手に「守ることと打つことは別物と考えて、目一杯打ちなさい」とアドバイスする。

なぜなら、打たない捕手はチームが負けると、最初に代えられる憂《う》き目にあう。打っている間は周囲から絶対に文句を言われないものだ。打てば、「リードを打撃に活かしている」と、リードへの信用度も高まる。「打つ捕手は評価される」のだ。

だから捕手は守りが最低限できたら、あとは打たないといけないと思う。

11 佐々岡のノーヒットノーラン

同い年のササ（佐々岡真司）は、カーブとスライダーを武器に先発投手として1991年最多勝と最優秀防御率でMVP。ストッパーとしての実績もあった（通算138勝106セーブ）。

プロ10年目の99年32歳のとき、新たにシュートを習得して、ノーヒットノーランを達成した。その対中日戦（広島市民球場）は、ほぼ「計算通りのリード」だった（4対0。6奪三振、1死球、2失策）。

「裏をかくのを楽しんでいたかのようだ。打者の打ち気を察すると、ボール。選んでくるとふめばストライク。四番ゴメスへの攻め方をみても、チェンジアップあり、こん身の直球ありと、同い年の西山と2人で打者心理を逆手にとり続けた。『140キロ台、130キロ台、120キロ台、それぞれのスピードの球すべてに個性があった。見事だった』と大野投手コーチがいった」（朝日新聞デジタルから抜粋）。

ノーヒットノーランこそ、年に1試合あるかないかの出来事。ササのノーヒットノーランは与四球0だったが、プロ野球で無四球試合の割合は6～7試合に1試合でしかない。失策の割合は1試合に約1個。つまり、四球や失策による出塁がある程度出るのは当然のこと。想定内と考え、以降をどうやって打ち取っていくかだ。

（編集部注／2024年セ・リーグ483試合で、無四球試合は86試合、計442失策。同パ・リーグは483試合で、無四球試合は65試合、計413失策）

あのノーノーの試合、9回表1死から遊撃ゴロ失策で走者を出した。次打者は李鍾範《イジョンボム》。初球136キロ、内角低目ストレート（見逃しストライク）。2球目137キロ、内角低目ストレート（ファウル）で追い込んだ。3球目142キロ、外角高目ストレート（ファウル）。最後は117キロ、外角低目カーブを泳がせて（遊撃ゴロ併殺）、偉業を達成した。

12 球種のサインは「足し算」ほか

「1軍投手12人、1人最低4球種、サインを覚えるのは大変だろう」と聞かれるが、そんなことは全然ない。自チームの投手だし、性格もよく把握している。「この投手はあの打者を、どんな球種で打ち取った」などという「配球ノート」も自分は特につけていなかった。

書いておかなければいけなかったのかもしれないが、自分はその都度書かなかった。1試合が終わって振り返れば、どうやって抑えたか、全部思い出せる。特に〝痛い目〟にあった打者と状況はよく憶えているものだ。

球種サインの出し方は、いろいろあるが、そのうちの1つが「足し算」をベースにしたもの。各投手によって微妙に変える。内外角のコースは指や掌《てのひら》で指示する。もちろん牽制球のサインもある。詳細は企業秘密だ。

13 生涯最高のリード！

2001年の対巨人戦。1点リードの7回裏無死二、三塁で打席は2番・清水隆行（通算1428安打）。マウンドには小林幹英（通算19勝29セーブ）。

自分は初球、スローカーブをほうらせた。小林はストレートとフォークボールの投手。どちらかを狙っていたはずの清水は、まったくタイミングが合っていなかった。

「2球目も続けてやれ」。清水はまたも見送った。2ストライクに追い込んだ。ストレートのボール球を内角高目か外角低目に挟むことを清水は視野に入れているだろう。

「よし、3球目はこれだ！」3球連続のスローカーブに驚いた清水が慌ててバットを出すと二塁ゴロで走者は動けず。カーブを読まれていたら3ランを浴びる危険性もはらんでいた。

続く3番・江藤智にはストレートを内角高目に連投させ、浅い右飛。清原を遊ゴロに打ち取って無得点。「してやったり」のリードで、広島は久方ぶりの東京ドーム3連勝を飾った。

試合後、山本浩二監督、松原誠ヘッドコーチ、野村謙二郎さんと4人で食事に繰り出した。山本監督はビールで顔を赤らめながらご満悦だった。「いや、気分がいい。東京ドーム3連勝は最高だ。ニシ（西山）、よくあそこでスローカーブを3連投させたな」「浩二さんが自分を信頼して、好きにリードさせてくれたおかげですよ」。

あれで打たれていたら、自分はマスコミにボロカスに叩かれていたと思う。自画自賛するようで僭越《せんえつ》だが、勇気のいる生涯最高のリードだった。当時、自分もリードに自信を持っていたし、あのようなリードで投手陣の信頼を積み重ね、あのころは自分のサインに首を振る投手はいなかった。

14 プロ野球90年で「現役20年捕手」わずか14人

区切りとして20年間プレーしたかったので、もう1年にこだわってよかったと改めて感じる。他球団を経験することで見識も広がった。最後の2005年、中学時代の同級生だった桑田真澄（巨人）と23年ぶりにバッテリーを組めたのも、野球の神様の配剤だろう。

プロ20年の成績は胸を張れるような数字ではないかもしれない（通算１２１６試合７１６安打、打率・２４２、50本塁打、２８２打点）。だが、古田敦也さん（ヤクルト）の全盛時代にベストナイン、ゴールデングラブ賞、オールスター出場を各２度と、要所でプロ野球史に爪痕《つめあと》を残せたのではないかと思う。

〈編集部注／プロ野球史90年の中でも、「現役20年以上の捕手」は14人。中嶋聡（オリックスほか）29年、谷繁元信（中日ほか）27年、野村克也（南海ほか）27年、相川亮二（横浜ほか）23年、伊東勤（西武）22年、中村武志（中日ほか）21年、伊藤勲（大洋ほか）21年、田村藤夫（日本ハムほか）21年、森昌彦（巨人）20年、矢野燿大（阪神ほか）20年、村田真一（巨人）20年、吉田孝司（巨人）20年、山崎勝己（オリックスほか）20年〉

長く現役を続けられた要因の１つに、やはり体が強かったことがある。若いころに嫌々でも厳しい練習を課されて、体は頑健に、体力もついていった。

本塁での捕手と走者の衝突を禁じる「コリジョン・ルール」が導入されたのは自分の現役引退11年後の２０１６年だし、本塁上での激突も多々あった（１９９３年ヤクルト・池山隆寛との激突、乱闘で退場処分）。自分はプロ野球人生前半に蓄えた体力の貯金で最後までいけた。

〈編集部注／広島時代は90年ドラフト１位・瀬戸輝信（法政大。通算14年５３７試合出場）、97

年ドラフト5位・倉義和（京都産業大。通算19年719試合出場）らの挑戦を退け、01年ドラフト4巡・石原慶幸（東北福祉大。通算19年1620試合出場）にバトンを渡した〉

15 大野、北別府、桑田、佐々木主浩の「個性」

バッテリーを組んだ中で、もっとも印象深いのは先述した大野豊さんの「パームボールの切れ」だ。

次は北別府学さん（通算213勝）の「ストライクゾーンに1センチ単位の出し入れで勝負するコントロール」。球審に外角低目のスライダーを「ボール！」とコールされると、意地になってスライダーを1センチずつ内側に入れてくる。硬式球の直径が約7・3センチ〜7・5センチ。あとにも先にもあんな絶妙なコントロールの持ち主はいなかった（9イニング平均与四球1・90個）。

桑田真澄（巨人。通算173勝）の投球を、NPB初代審判長・井野修氏の言葉を借りるなら「超一流ではないが、すべてが一流の球種」だった。

投手にとって「スピード」「コントロール」「緩急（変化球）」のどれが1番大事かはよく言われることだが、3つとも大事だ。3つとも優れていて完璧だったら文句のつけようはないが、どれが優れているかがその投手の「個性」なり「特徴」になる。

大野さんなら「変化球の切れ」だし、北別府さんなら「コントロール」だし、桑田なら、守備を加えての「4つの総合力」ということだ（編集部注／桑田のゴールデングラブ賞8度は、西本聖と並ぶ投手最多タイ）。

一方、「打者・西山」が対戦して印象深いのは〝大魔神〟佐々木主浩（横浜、マリナーズ。日米通算381セーブ）のフォークボール。96年、奪三振記録がかかっているとき、フルカウントのあと伝家の宝刀・フォークを投げてきた。自分も打率3割の好調時だったので「とらえた！」と思ったのだが、かすりもしない空振り三振だった。「これが噂の消えるフォークか」と驚嘆した。

そのオフ、日米野球でバッテリーを組んだときも、ストレートの軌道で来てズドーンと落ちた。「シゲ（谷繁元信）はいつもこんな落差が大きく鋭いフォークを捕っていて大変やな」と実感した次第だ。

16 右の清原、落合、左のイチロー、金本、前田智

対戦した打者で印象深いのは、右打者でPL学園高時代の清原和博（のち巨人ほか）、落合

博満さん（中日、巨人）、左打者はオープン戦で対戦したイチロー（オリックス）、金本知憲（阪神）、紅白戦で対戦した前田智徳（広島）だ。

共通点はミートポイントが後ろで、ギリギリまで投球を引きつけて打つ。換言すれば、投手に何の球種を投げさせてもついてくるということだ。なかなか抑えるのは難しい。

カネ（金本）は広島時代の「トリプルスリー」から、阪神時代は「40発100打点」の打者に大きく変貌を遂げた。阪神に移籍してから、スイングの強さ、スピードが増した。

甲子園球場のライトからレフト方向に吹く独特な浜風でファウルにならないよう、レフトポール右に（左に曲がる）ドローボールを打ち、フェアの打球にしていた。カネの理想はバリー・ボンズ（ジャイアンツ。MLB最多通算762本塁打）のスイングで、体が極力前に出ないようにする「軸足回転」の打法だ。

前田も前に泳がないように前側の足で踏ん張って、バットで投球を押し込んでスピンを利かせて打つ。落合さんは投球をバットに載せるイメージだった。

17 大谷翔平と勝負するなら

日本ハム入団当初の大谷翔平の本塁打は、左中間に流し打った打球がスタンドインすることが多かった。メジャーリーグに移籍してから体をビルドアップして、内角高目のボール球でも強引にライトスタンドに叩き込むようになった。

「大谷翔平にだったら、どういうリードをするか?」はよく質問されることだ。ドジャースは他にもムーキー・ベッツ(18年MVP)、フレディ・フリーマン(20年MVP)ら強打者が名を連ねているから、申告敬遠で簡単に歩かせるわけにもいかない。

だが、正直攻めようがないから逃げまくるのが得策だ。変に抑えようと思うから打たれる。ボール球に手を出して打ち損じ、凡打してくれたら儲けものぐらいの意識で、際どいところを突いていく。勝負しなかったら本塁打ではなく、四球で済む。

敢《あ》えて勝負するとしたら? やはり外角低目だ。どれだけ大谷が凄いと言っても外角低目いっぱいの投球をスタンドに運ぶのは容易ではない。大谷の本塁打を見ると、外角の少し高目に浮いた投球をフルスイングして本塁打にすることが多い(P159参照)。

ストライクゾーン内角を攻めても、あれだけ本塁ベースから離れているので、何の意味もない。内角にいくのなら体に当たるぐらい、もっと近いところだ。だから、徹底して外角低目だ。ストライクゾーンの外角低目で、ボール・ストライクを出し入れすればいい。

18

球速の「スピード化」により薄れる「配球の妙」

ひと昔前はメジャーリーグに挑戦して通用する投手と通用しない投手に二分されたが、最近はほとんどの投手が活躍できている。

逆に来日外国人打者は日本球界で簡単に通用しなくなった。かつては多くの外国人打者が本塁打王と打点王の二冠を独占していたが、最近は規定打席に到達する外国人打者すら減少している。いかに日本のプロ野球の投手のレベルが向上したかを如実《にょじつ》に物語る。

自分がチームでマスクを主にかぶった1990年代は、平均球速140キロほどの投手をリードして、何とかして打者を抑えないといけなかった。そのころの「まず内角球で打者の体を起こしておいて、次に餌をまき、最後に外角で勝負」というリードが、現在はあまり見られない。

令和に入った（2019年）ころから、多くの投手の投球は最速150キロをゆうに超えるからだ。平均約10キロは速くなっている。「投高打低」の原因だ。最近はリードに困ったら目をつぶって「エイヤー」とばかり、ストライクゾーンのど真ん中に投げ込んでいく。

自分たちの時代は安易にストレートを投げれば長打を浴びた。かといって変化球を打たれれば「なぜあそこであの球種を要求したのか」と厳しく指摘された。

自分がコーチになった現在は厳しいことを言えば「パワハラだ」とも反論され、批判されかねない時代だ。ベンチの教え方も「ど真ん中に投げ込んでおけば、打ち損じもあるだろう。前に打球を飛ばせなくて、ファウルでカウントも稼げるぞ」とソフトタッチだ。その意味で、「捕手のリードの巧みさ」「配球の妙」という観点が薄れてきた傾向は否定できないと思う。

19 柳裕也をリードしたら面白い

リードしてみたい投手は、私が中日コーチ時代の柳裕也だ。2024年までプロ8年間通算48勝56敗（最優秀防御率と最多奪三振のタイトルを各1度獲得）。

球種はカットボール、スライダー、カーブ、チェンジアップを持つ。ストレートの平均球速が142キロとそんなに速くないが、奪三振率がそこそこ高い（9イニング平均7・44個）のは、コントロールがそれなりにいい（与四球率同2・39個）からだろう。

（編集部注／一般的に奪三振率が7個以上なら高いと言われ、与四球率が2個以内ならコントロールが抜群にいいと言われる。）

柳は通算で負け越している。狙ったエリアに決まっているときはいいが、不調時ほど目一杯を狙ってボールに外れる。３年連続最下位など、援護点が少ない打線との兼ね合いもある。２、３点取られても大丈夫の状況ならまだしも、１点もやれない状況だと厳しい。ああいうタイプの投手を「計算通りのリード」で勝たせるのが捕手冥利に尽きる。

20

野村ヤクルトの系譜を継ぐ中村悠平

自分が中日バッテリーコーチを務めていたころ（２０２２年～23年）、セ・リーグ5球団、セ・パ交流戦でパ・リーグ6球団と対戦する中で、中村悠平（ゴールデングラブ賞3度）が「野村克也・ヤクルト」の系譜を継ぐリードと見て取れた。

中日の打者への攻め方にしても、例えばカウント3ボール2ストライクになっても、内角高目のボール球を要求したりする。あのリードをする捕手はあまりいない。あれは、まさしく「野村流」のリードだ。ストレートはもう来ないだろうというタイミングでストレートが来たり、逆もまたしかり。裏をかかれて、打者が的を絞らせてもらえないリードを施す。

他の捕手は「投手が投げやすい球種のサインを出す」リード。あとは「捕手の自分が打つか否か」というところにフォーカスしていると言ったら、言い過ぎだろうか。

21 外国人投手と若手捕手のバッテリー

現代野球は「捕手複数制」でもいいと思う。連日の酷暑が続く昨今、体力面でも戦略面においても、「捕手ひとり」に絶対固定しなくてもいい。例えば、屋外球場のマツダスタジアム広島で6連戦をやろうものなら、6連戦目の捕手は疲労困憊《ひろうこんぱい》だ。それを考えたら、打撃優先の捕手、守備優先の捕手うんぬんではなく、複数制で回したほうが結果もよくなると思う。

2024年の広島は前半戦、坂倉将吾の不振もあったが、床田寛樹、九里亜蓮、アドゥワ誠が先発の試合限定で坂倉はスタメンマスクをかぶった。結果的にベテラン36歳の会澤翼、坂倉より1学年上26歳の石原貴規を含めた3人制だ。

6連戦のうち4試合をメイン捕手、あとの1試合、2試合はベテラン捕手や若手捕手に任せればいい。特に外国人投手は自分の好きな球種を投げてくるものだから、わざわざベテラン捕手を起用する必要はなく、若手捕手に実戦経験を積ませるにはもってこいだ。自分の現役時代もネイサン・ミンチー（1998年からの3年間で計29勝）の登板時は、若手捕手がバッテリーを組んでいた。

22 9回2死満塁フルカウントでも「ど真ん中以外」

バッテリー18・44メートル間で、球種サインという名の〝会話〟において、「勝たせて自信をつけさせる」ことにより投手を育成する。負けていたら投手は育たない。ストレートと（横の変化の）スライダーしかない投手には、「せめて（縦の変化の）フォークを覚えたほうがいいんじゃないか」ぐらいのアドバイスはするが、それは投手本人が考えること。

理想のリードとは、帳面上で言えば結局は「内角高目と外角低目の対角線」になってしまう。打率で見ても、そこは数字が低い。初球は外角ストレートでストライクを取り、2球目はカットボールか、スライダーを外角いっぱいに入れて2ストライクに追い込む。そのあとは内角高目を見せ球にして、また外角低目で勝負。バッテリーミーティングでもそれが基本で、言い尽くされている。

自分の場合、各打者が出てきた瞬間に、「最終的にこうやって打ち取る」というイメージを描く。そして初球をどういう風に入るか、カウントを整え、そこに向けて積み重ねていった。ストライクになったら次はこうすればいいし、ボールになればああすればいい。打者がなぜ見逃したかを観察し、心理を洞察した。

カウント1ボール2ストライクからの勝負球に、打者がまだ引っ掛からなくてボールになったとしても大丈夫だ。もう1球ボール球を挟んで様子を見て、再度勝負にいける。臨機応変にやっていく〝2段構え〟だ。

フルカウントになったら「手詰まりだろう」と言う人もいるが、いやしくも捕手ならば手詰まりになることはないと思う。もっと分かりやすく言えば、9回2死満塁フルカウント、押し出し四球サヨナラ負けの絶体絶命のピンチ。野手の人なら「ど真ん中で勝負しろ」と言うが、ど真ん中以外の球を投げさせてこそ「捕手のリード」である。

23
捕手出身・阿部監督の巧みな捕手起用

9回2死満塁フルカウント。一か八かど真ん中ストレートでは「捕手の価値」はない。何のための捕手だ。組み立てたリードの結論がストレートならまだしも、「手詰まりだからど真ん中」よりも、ストレートにしろ変化球にしろ打ち取る計算をしての「四球押し出し」のほうが、よほど意義はある。

自分が巨人バッテリーコーチを務めていた2010年、クライマックスシリーズのファイナルステージ。対中日第4戦8回裏、捕手・阿部慎之助は谷繁元信を打席に迎え、山口鉄也に変化球を要求して押し出し四球を与え1対3。結局この試合を落として1勝3敗、日本シリーズ出場はならなかった。

「慎之助、ようあそこで変化球勝負にいったな。ええリードだったと思うで。『エイヤー』と目をつぶってど真ん中に投げさせて走者一掃の二塁打を浴びるより、よほど価値あるリードや」

よく「困ったら外角低目」と言われるが、これも同様だ。ある程度逆算して勝負球を決めているのだから、リードに何を困ることがあるのだ。本当に困るのは、計算していても、フルカウントから5球ぐらいファウルで粘られたときだ。そのときこそ外角低目なのだ。

それにしても24年に新監督に就任した阿部は、23年の捕手レギュラー・大城卓三に加え、小林誠司、岸田行倫を巧みに使い分け、4位だったチームをいきなり優勝させた。捕手出身監督は中嶋聡（オリックス）が退任し、25年は12球団で唯一なのは寂しいが、来季もさすが捕手出身監督だと感じさせる采配を期待する。

24 リードは「生き物」と一緒

自分が現役時代は、先乗りスコアラーから6試合分ぐらいのデータが渡され、3連戦のはじめに1時間ぐらい、コーチを含めたバッテリーミーティングがあった。1番打者から1人ずつ、

「ここがストロングポイント、ここがウイークポイント」と確認していくのだが、結論は「内角高目と外角低目の対角線を攻める」に帰結することが多かった。

だが、リードは「生き物と一緒」だ。つまり、「常に刻々と動いている」。前の打席はどうだったか。イニングや点差や投手の状況が変わり、次の打席は打者の狙い球も変わっていく。

それよりも、「この打者は1球目、セーフティーバントの構えで揺さぶってくるが、構えだけなので初球はストライクが取れますよ」などという具体的な情報のほうが、現場の捕手としてはありがたかった。

本塁ベースの左右43・2センチの中に直径約7センチの球が6個入る。本塁ベースの左右をかするストライクを加えたら球8個分だ。さらに上下を8個分と仮定すると、単純にストライクゾーンは球64個分になる。これらのゾーンに投球をどう配球していくか？

しかし、自分のリードはストライクゾーンを何マスかに分けるというイメージではない。

よく「左目で（右）打者を見て、右目で投球を見る」と言われる。打者の足元をはじめ、全体像がおぼろげに視界に入ってくるし、投球の合間、球種のサインを出す前に捕手はよく打者の足元を見ている。だが、プロ野球の打者で、球種によってその都度立ち位置を変える打者などいない。

25 西山流リードは「見えない打者の心理を見る」

打者の足元を見ながら、捕手は考えているのだ。「この打者は何の球種を待っているのか。ストレート？　いやスライダー？　どういう心理なのか」。

捕手のリードの何が難しいかと言えば、「目に見えない打者の心理を見なくてはいけない」ことだ。これを見られるのが「一流の捕手」なわけだ。

捕手が「打者の意識が内角高目に80パーセントある」と〝見た〟とする。ならば、「意識20パーセントの外角低目」でストライクを稼げばいい。そうすれば内角高目への意識は60パーセントぐらいに落ちる。もし完全な逆球で内角高目に球が浮いてもファウルになるかもしれない。だが、まだ危険だ。ならば「外角低目」に投げさせれば、「内角高目40パーセント」「外角低目60パーセント」に注意力は分散される。まだ内角に意識があると思えばもう1球、外角低目を突いてもいい。

内角高目への意識が80パーセントから40パーセントに下がれば、投球についてきても、詰まらせることができる。バットの真芯でとらえて安打にするまでには至らない。

例えば、左打者には内角スライダーで思い切りファウルを2球ぐらい打たせる。打者はフェアゾーンに入れようという心理が働くので、同じところにストレートをいくと今度は詰まる。そのあと外角へ緩い変化球を投げさせたら、打者はなかなかついていけないわけだ。そこでいいタイミングで合わせられたら、もう1度内角スライダーで餌をまく。そうやって、見えない打者心理を読んで臨機応変に攻めていくのが、自分のリードである。

26 打席に入る直前の「素振り」にヒント

チャンスになればなるほど、打者は初球から勝負をかけてくる。「初球、このエリアに来るだろう」と、大ヤマを張る打者もいる。捕手はそれを見抜かなくてはならない。投手に1球投げさせれば、打者がどうやって投球を見逃したか、どんな球種を待っていたか、おぼろげながら捕手の視界に入ってくる。

だが、1球も投げておらず、打者の意識が見当もつかない「初球のリードは難しい」のだ。だから、カウントは0ボール0ストライクから、3ボール2ストライクまで12種類あるが、0ボール0ストライクの初球は「打者有利」なのだ。

ただ、「真ん中高目、少し内角寄り」。ここは打者が無意識でもバットがうまく出るし、強く打てる。だから、そのエリアに投げさせるのは絶対避ける。カウント稼ぎを含めて打者の意識の低い「外角低目」や、打者の反応を見るために「内角ボール球のストレート」を、初球に投げさせることが多いのはそういう理由だ。低目の変化球なり、ボールからボールになる変化球を要求して、打者の様子を見るのもいい。

また初球狙いの打者は、狙ったエリアから少々外れても、ストライクゾーンなら振ってくる。そこで、ネクストバッターズサークルや、打席に入る直前の「何気ない素振り」を見る。なぜなら、打者の「得意なエリアの意識」「狙っているエリアの意識」が無意識に現れるものなのだ。だからその近辺は、やはり「無意識でも打ててしまう」ので極めて危ないエリアであり、ここも球種は関係なく、絶対初球にいってはいけない。

27

「決め球から逆算」して餌をまく

投手サイドから言えば、『江夏の21球』（1979年日本シリーズ広島対近鉄）は、江夏豊さん（左投手）が佐々木恭介さん（右打者）を最後、内角低目カーブで空振り三振に取ることを決め、その直前、同じ内角低目にストレートのボール球を投じた「逆算型」だった。

日本一のストッパー左腕・岩瀬仁紀（中日）は、右打者には内角低目スライダー、左打者には内角シュートを投じて、ファウルを打たせてカウントを稼いでいく「積み上げ型」だった。

捕手の自分は「この投手とあの打者なら最終的にどの球種で打ち取る」というところから考えて組み立てていく「逆算型」だった。決め球から逆算して、餌をまく球を何球か投じさせ、打者の意識を分散させていく。

「投手の長所を引き出すリード」「打者の弱点を突くリード」「状況中心のリード」など、よく言われる。それをミックスしての先ほどの「逆算型リード」であっても、思ったようにカウントを稼げなかったり、打者の意識を分散させられないこともある。

最後までたどりつけなくても、その都度、軌道修正を施して被害を最小限に食い止めなくてはならない。投球を受け、投手に返球し、構える。その瞬時に次の球種を決断するのだ。

28 計算通り打ち取った「意味がある球」

最高のリードをしても、当たり損ないの打球が野手の間に落ちて安打になることもある。それを誰も責めることはできない。捕手がきちんと投球を捕る、きちんとワンバウンドを止める、投手がクイックモーションで投げたとき、二塁盗塁をきちんと刺す。当たり前のことを当たり前にできるのが「信頼される捕手」だと思う。

自分がある程度計算して、その「計算通り」に打者を打ち取って、試合に勝ったときが「捕手の醍醐味」「捕手冥利に尽きるとき」だ。

ただ、ヒーローインタビューは投手で、捕手は誰も評価してくれないことがほとんどだ。それでも自分なりに「きょうの勝利に導いた、意味がある何球」という自信のリードがある。帰宅してひとり盃《さかずき》を傾け、文字通り「勝利の美酒」に酔いながら、喜びを噛《か》みしめる。

カネ（金本知憲。当時・広島。通算476本塁打）はレフトの守備位置から、よくリードを見ていた。「ニシやん（西山）、松井秀喜（当時・巨人。日米通算507本塁打）にあそこはフォークだと思ったのに、よくあの球をいったな」。リードの中身を理解してくれる〝同志〟の存在があれば、嬉しさは倍増したものだ。

西山秀二の仮想リード

VS 岡本和真 ── 巨人

外角変化球から入り、内角球を見せ、低目の変化球で誘い、勝負は2つの選択肢。

1球目 ＝ 外角低目スライダーは、見逃しストライク ………… 0B－1S
2球目 ＝ 内角高目ストレートは、ボール ………… 1B－1S
3球目 ＝ 真ん中低目フォークボールは、見逃しストライク ………… 1B－2S
4球目 ＝ 真ん中低目フォークボールは、ボール ………… 2B－2S
5球目 ＝ 外角低目ストレートは、ファウル ………… 2B－2S
6球目 ＝ 内角ベルト付近ストレートで勝負
（ファウルなら、2B-2S から、もう1球内角にストレート）

または

5球目 ＝ 外角低目ストレートは、ボール ………… 3B－2S
6球目 ＝ 外角低目スライダーで勝負

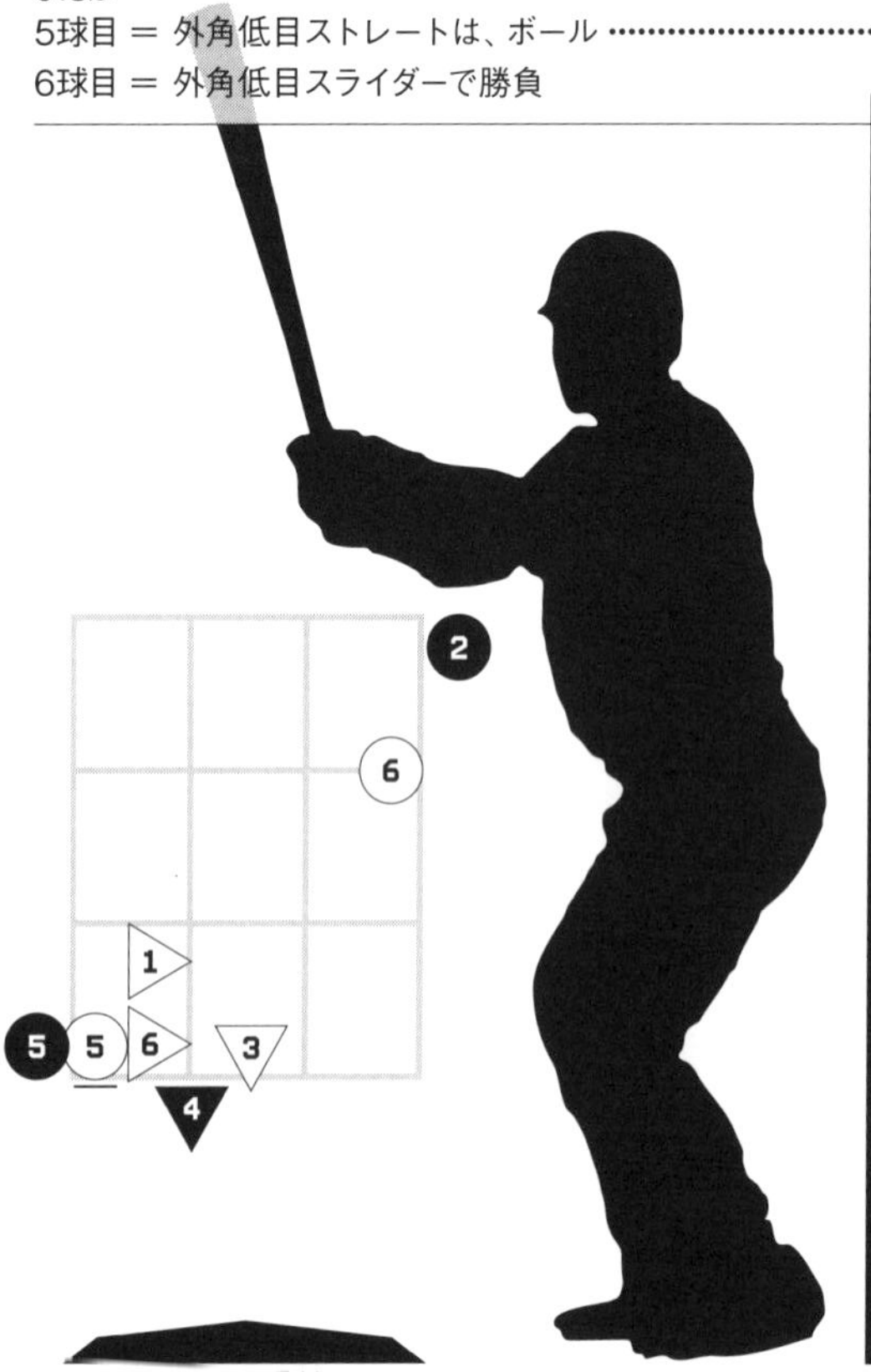

投手方向から見た図

球種の凡例

○	ストレート 144〜150km/h
◁	シュート 135〜140km/h
⬭	カット 135〜140km/h
▽	フォーク 130〜135km/h
▷	スライダー 128〜135km/h
□	チェンジアップ 120〜125km/h
△	カーブ 115〜120km/h

配球図の見方

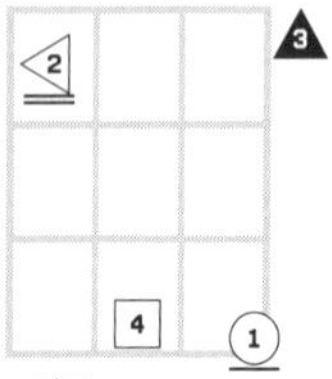

1球目
ストレート／ファウル
（線1本）

2球目
シュート／空振り
（線2本）

3球目
カーブ／ボール（白抜き）

4球目
チェンジアップ／見逃し

西山秀二の仮想リード

US 大谷翔平 ── ドジャース

打ち取る球はないと思う。逃げまくって四球か死球。ボール球に手を出して打ち損じてくれれば儲けもの。

1球目 = 内角高目カットボールは、ボール ……… 1B−0S
2球目 = 内角ベルト付近カットボールは、ボール ……… 2B−0S
3球目 = 外角低目フォークボールは、ボール ……… 3B−0S
4球目 = 真ん中低目フォークボールは、ボール ……… 4B−0S

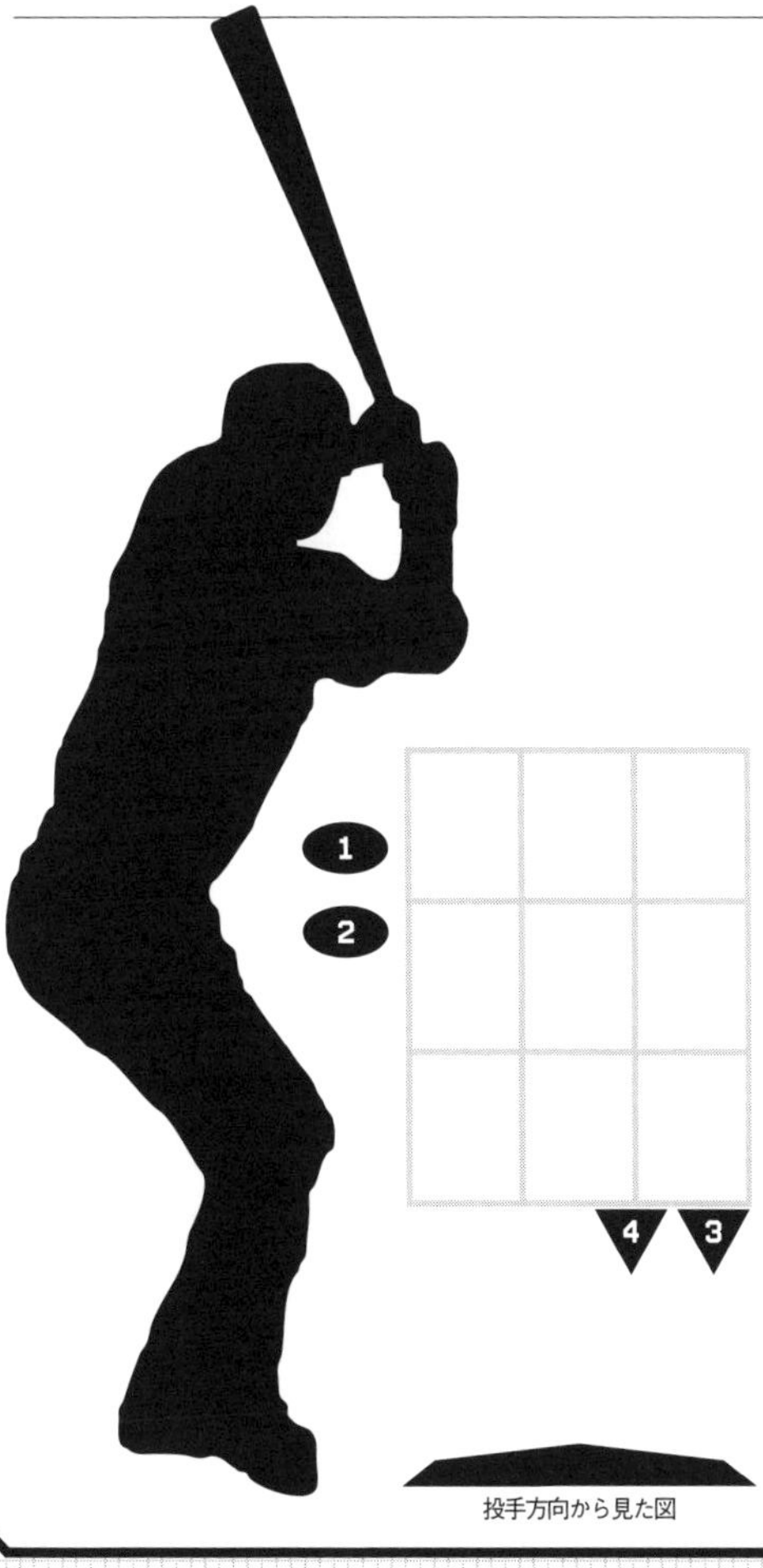

投手方向から見た図

球種の凡例

○	ストレート 144〜150km/h
◁	シュート 135〜140km/h
⬭	カット 135〜140km/h
▽	フォーク 130〜135km/h
▷	スライダー 128〜135km/h
□	チェンジアップ 120〜125km/h
△	カーブ 115〜120km/h

配球図の見方

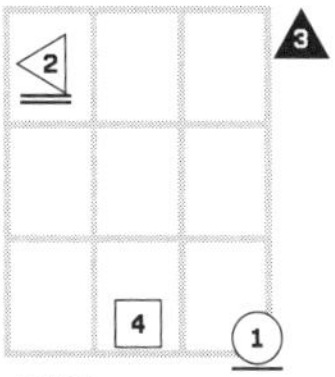

1球目
ストレート／ファウル
(線1本)
2球目
シュート／空振り
(線2本)
3球目
カーブ／ボール(白抜き)
4球目
チェンジアップ／見逃し

「走者三塁時の準備」

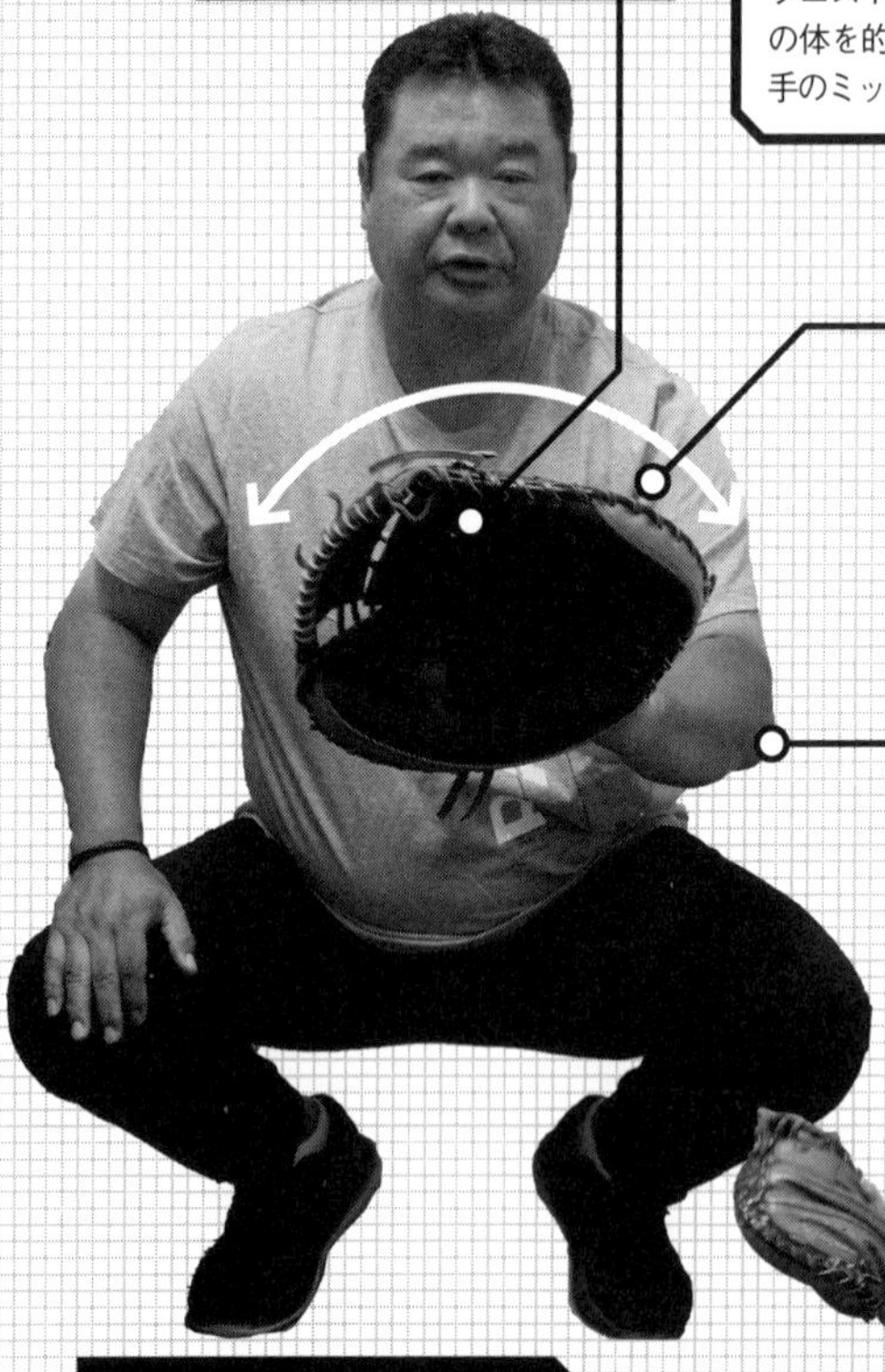

ミットの縦使い

人差し指が時計の12時の角度で、ミットの「縦使い」。

構え方の基本

投手によって、「大きく構えてくれ」とか「小さく構えてくれ」というリクエストもある。大きく構えた捕手の体を的にするか、小さく構えた捕手のミットを的にするかの問題。

球威に負けない構え

左ヒジを内側に入れて左脇を締めて構えれば球威に負けない。

左ヒジを支点にミットを回転

ミットをはめた左腕ヒジを支点にして「左→上→右」という車のワイパーの動き。

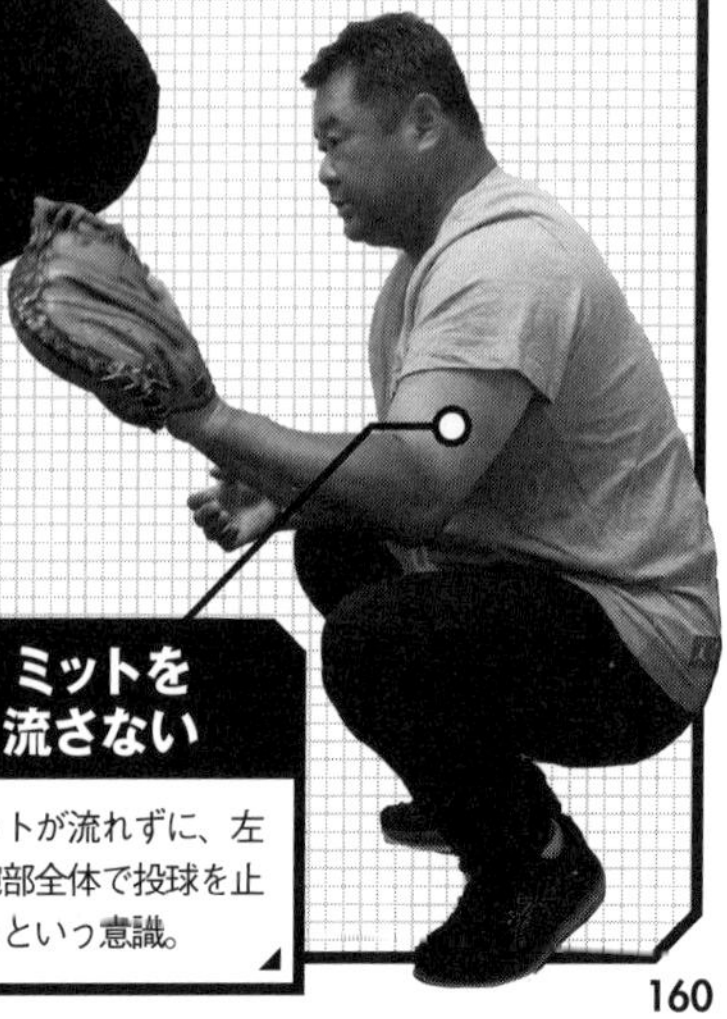

ミットの横使い

古田敦也（ヤクルト）は人差し指が（自分から見て）時計の2時の角度で、ミットの「横使い」をした。ある程度脇を開いて捕球したのは、革新的だった。

ミットを流さない

ミットが流れずに、左上腕部全体で投球を止めるという意識。

ミットの面を投手に向ける

「ここに投げてこいよ」と見せてあげる。

ミットは下げてもいい

投手が投げる瞬間、投手の目標になるべきミットを下げないほうがいいが、現実的には難しいので、１度下げてもいい。下げないのは谷繁元信（横浜→中日）と阿部慎之助（巨人）。

サインの右指

サインを出す右指をミットと右太ももで隠す。右指がこれより下だとネット裏から見えて、解読されてしまう。

左ヒザの扱い

無走者時は、左ヒザを地面に着いても着かなくても問題ない。

準備万端の構え

特に走者三塁のとき、球種のサインを出したあと、ワンバウンド投球にすぐヒザを着けられる（ブロッキング）、高い投球にはすぐ飛び上がれる、スローイングにもすぐ移れる。とっさにどこにでも動ける準備万端の構えを取る。

「難しい内角低目スライダー」

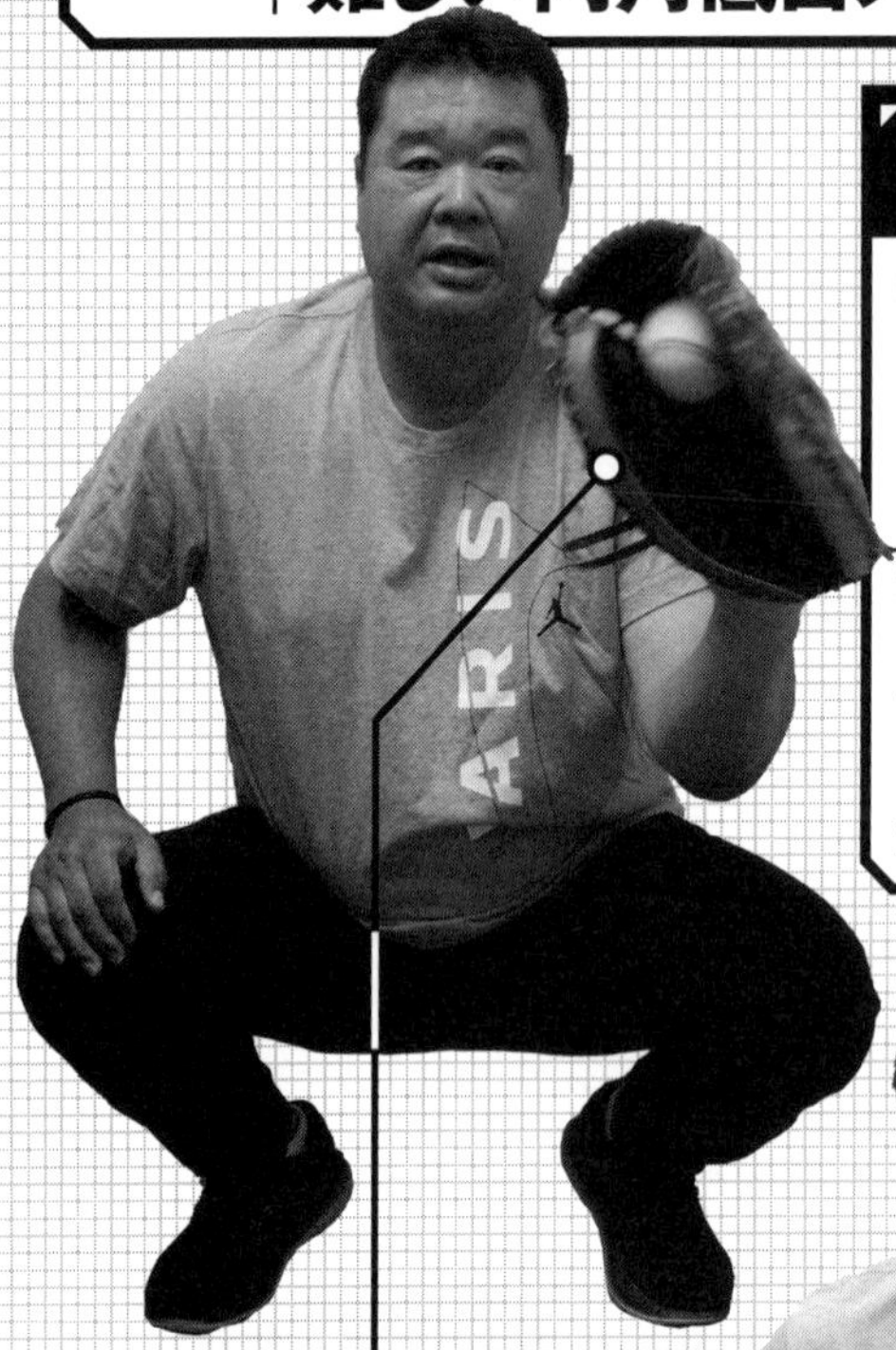

際どい投球をストライクに見せる

内外角際どい投球をストライクに見せる方法として、本塁ベース内側方向にミットを少し動かす方法。一方、ミットの位置はそのままで、自分の体を本塁ベース内外角の外側方向に動かす方法がある。

「自分は際どいストライクをボールとコールされないように投球をきちんと止めて捕るだけだった。ボール球をストライクには変えられない」（西山）。

投手に見えやすいように捕る

捕球した球が投手に見えやすい形で捕る。「ここへ来たよ」と見せてあげるイメージ。そうすれば（ミットが流れず）自然とそこで投球を止めるような形になる。

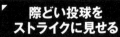

西山流

近年のフレーミング

10何年か前、国際大会では少しのフレーミングでも球審をごまかす侮辱行為であり、全部ボールとコールされた。だが、最近のメジャーリーグではミットを極端に大きく動かす。

内角低目の捕り方

「内角低目」の投球を、このような形で捕球してミットが流れると球審にボールと言われやすいので、ミットが流れないようにきちんと止める。

古田流

捕球しやすい形で

「古田さんは、左腕・石井一久が右打者ヒザ元に投げるストライクゾーンぎりぎりの際どいスライダー(内角低目)を、脇をあけた逆シングルのような形でストライクにするのが上手かった。どちらが正解不正解ということではなく、試してみて本人が『捕球しやすい形』が一番いい」(西山)

C ブロッキング

「ショートバウンドで捕るのが主流だが…」

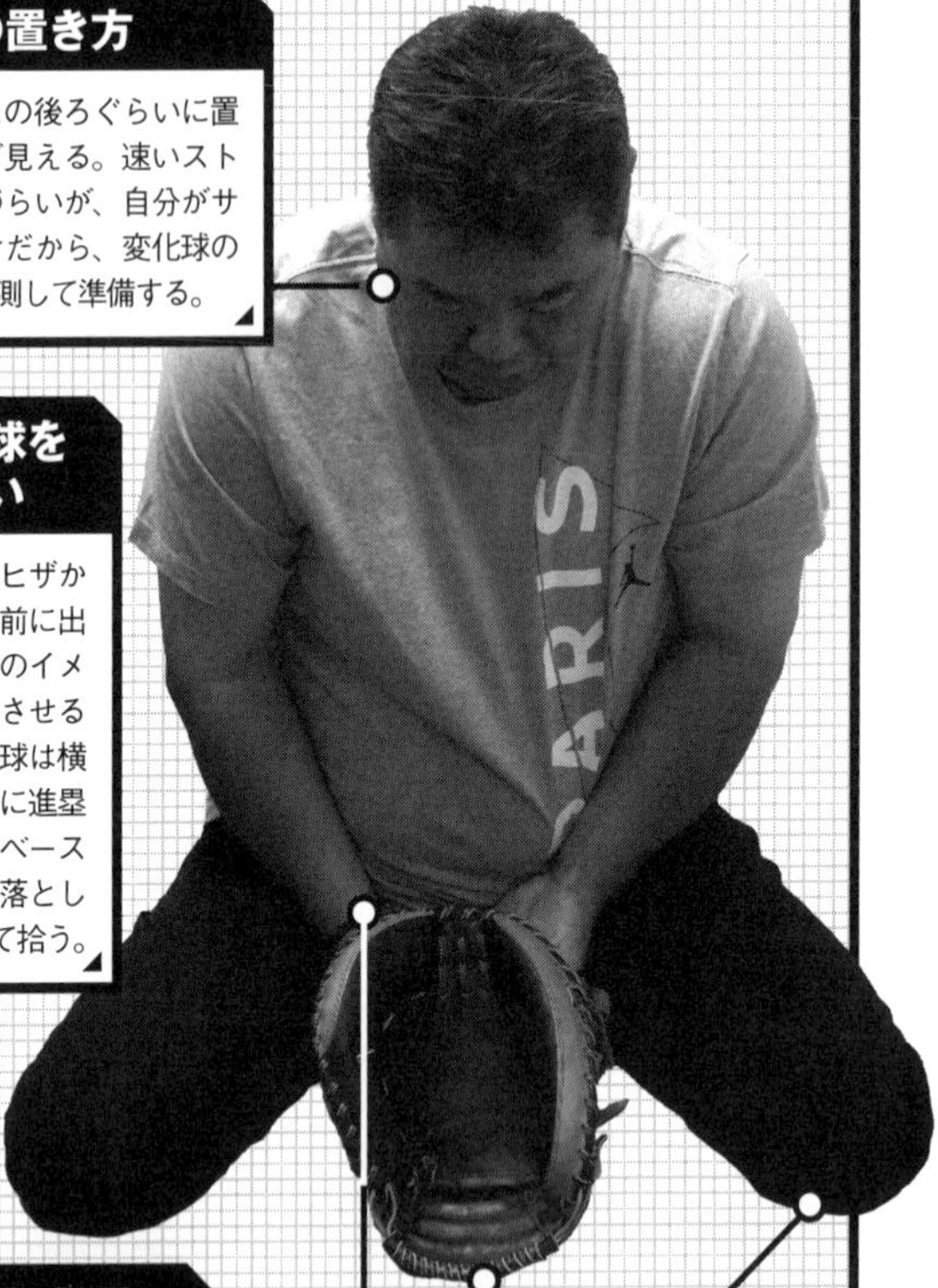

目線の置き方

目線を本塁ベースの後ろぐらいに置けば、バウンドが見える。速いストレートは反応しづらいが、自分がサインを出したわけだから、変化球のワンバウンドを予測して準備する。

跳ね返った投球を横にやらない

右打者の内角低目は左ヒザから地面に着けて左肩を前に出し、外角低目はその逆のイメージ。体を真横に移動させると、体に跳ね返った投球は横に跳ねてしまう。走者に進塁されないように、本塁ベースの近くや目の前に球を落として、素早くダッシュして拾う。

ショートバウンドで捕球するのが主流

自分の現役時代は体で止めたが、最近は速い変化球が多くて間に合わない。ワンバウンドするところにミットを出して、ショートバウンドで捕球にいくのが主流になりつつあるが、あくまで基本は体で止めに行くこと。ミットで捕球できなくてもミットに当てて、前に落とす。

股間を通過しないように

両ヒザを地面に着き、ミットも地面に着き、ワンバウンド投球が股間を通過しないように。右手はミットの後ろ側に隠す（骨折防止）。

「正確に、早く、強く」

二塁送球の基本

走者が動いた瞬間に左足を少し前に出して⓪、投球を捕る瞬間にトップに入れておく。体重を一瞬左足に載せて、右足①、左足②のステップ。

ミットに右手を添えて捕球し、球の縫い目のどこかに指を引っ掛けて二塁送球③。

盗塁阻止の3条件

優先順位は「正確な送球を」「捕球、ステップワーク、スローイングを早く」「強い球を投げる」。

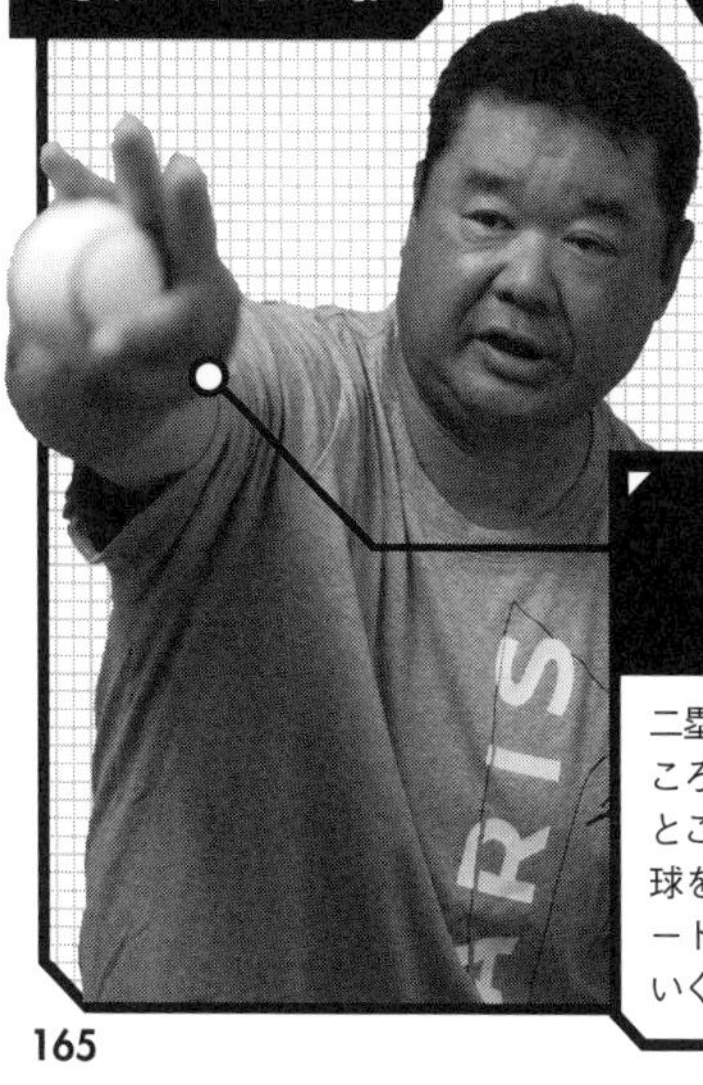

捕りやすく、タッグしやすいところに投げる

二塁手、遊撃手の捕りやすいところ、タッグ（触球）しやすいところを狙って投げる。うまく球を握れなかったときは、シュート回転させ二塁ベース右角にいくように投げる。

「打つ捕手は評価される」

「リードを打撃に活かす」とはよく言われることだ。少しはヤマを張ったが、基本的に全部ストレート狙いで、変化球を拾っていくタイプだった。相手捕手のリードを読んで、「この球が来る」と思っても、なかなかイメージ通りに打てないものだ。

投球に詰まりそうな瞬間、バットのヘッドをずらすことを覚えた。いわゆる「左ヒジを抜く」感覚であり、それが右打ちの始まりだ。

最近は特に「打つこと」が好捕手の条件にもなっている。リードはある意味〝慣れ〟で、経験を重ねれば覚えるもの。

「ブロッキング、キャッチング、スローイング」が最低限できれば、あとは打つべきだ。打てば、「リードを打撃に活かしている」と、リードへの信用度も高まる。「打つ捕手は評価される」のだ。

捕手論。

4

捕手

野口寿浩

Toshihiro Noguchi

「球種の数」だけ、決め球がある

Toshihiro Noguchi

PROFILE

- 1971年6月24日生まれ、千葉県出身。183センチ77キロ、右投げ右打ち。
- 習志野高→ヤクルト（1989年ドラフト外）→日本ハム(98年)→阪神(2003年)→横浜(09年〜10年)。
- 現役21年＝通算911試合582安打、打率・250、42本塁打、272打点。
- 主なタイトル、受賞＝オールスター出場2度。
- 通算守備率・995。
- 通算盗塁阻止率・306（447企図、137刺）(98年の・421、00年の・423はパ・リーグ1位)。
- 野村克也（ヤクルト。90年〜97年)、上田利治(日本ハム。98年〜02年)、大矢明彦(横浜。09年)ら、捕手出身の監督に仕える。日本ハム時代はリーグを代表する捕手だった一方、古田敦也（ヤクルト)、矢野燿大（阪神）をサポートし、「史上最強の2番手捕手」との評価も高い。
- 2017年〜18年ヤクルトのバッテリーコーチを務めた。

01

急造捕手ながら「1試合3盗塁刺」

出身の千葉・習志野市の小学校時代、4年生以下の大会において、捕手がケガをしてしまった。僕は三塁手兼2番手投手。「1番肩が強いのは（野口）寿浩なんだから、代わりにやれよ。マスクをかぶって投手の球を捕ればいいだけだから」。

そんなに簡単なものではないだろうと思いながら、相手チームが仕掛けてきた盗塁を3度とも刺した。以来、捕手専門になった。

習志野高3年夏は千葉大会ベスト4。1989年ドラフト外でヤクルトに入団したが、同期のドラフト2位は古田敦也さん（立命館大→トヨタ自動車）だった。

アマにはなかなか捕手専門の指導者はいないものだ。当時、ヤクルト2軍チームスタッフの高橋寛さん（のちにバッテリーコーチ）に、初めて本格的な捕手の「いろは」を教わった。

高橋さんは社会人野球の松下電器時代、山口高志さん（阪急。通算50勝44セーブ）とバッテリーを組んだ捕手。ヤクルトでは大矢明彦さん、八重樫幸雄さんの控え捕手だった。現役引退後、ブルペン捕手を長く務めた方だけに、とにかく「キャッチング」が上手かった。さらに「ブロッキング」「スローイング」「捕手として声を出すことの大切さ」を教わった。

02

大捕手・野村克也の薫陶を受ける

僕はプロ5年目の1994年に63試合に出場するなど、「野村ミーティング」によって、大捕手だった野村克也監督の薫陶を受けることになる。

のちに『野村ノート』（2005年小学館刊）によって、世に明らかになる内容のもっと詳細で具体的な部分だ。野村監督はほかにも多くの著書を出版しているが、どれを読んでも「初めて知ること」はない。つまり、すべてをミーティングで聞いていた。

野村監督いわく「現役時代、肩に自信がなかった」。自著の中でも「スローイング」に関してほとんど言及していない。しかし、捕手出場2921試合で盗塁企図3038回は確かに多いが、1106刺で、盗塁阻止率・364は十分に高い数字と言える。

現在よく言われる二塁送球のコツの「正確に、早く、強く」のフレーズは、野村監督からの言い伝えだ。それ以外にも「盗塁阻止はバッテリーの共同作業」であることを説かれ、投手の「クイックモーション」「首振り牽制」も野村監督が南海（現・ソフトバンク）時代に考案した。

かつて、投手は走者への牽制を終えたあとに、捕手の球種サインを見るのが主流だった。だから首を振り「もう牽制はないよ。今は球種を決めているんだ」と走者を油断させ、虚を突いたタイミングで、牽制アウトにするのが「首振り牽制」だ。

また、0ボール0ストライクから3ボール2ストライクまで、カウントは12種類ある。攻撃側の監督がヒットエンドランの作戦をかけやすいのは1B－0S、2B－0S、2B－1Sなど。それが福本豊さん（阪急＝現・オリックス）のような俊足選手だと、ヒットエンドランの作戦が盗塁に変更されることもミーティングで教わった。

03 大事なのは「当日の軸になる球種」

当時、「各試合で気づいたことを書き記した配球ノート」よりも、「野村ミーティングにおける板書ノート」を僕は大事にしていた。

以前から、プロ経験選手が中学・高校生に技術指導を監修する「実用書籍」は書店で市販されていたが、プロレベルの戦略戦術を体系化（精神論、技術論＝投手、守備、打撃、走塁）して、文章として著したものは皆無であり、ある種の革命であった。

シーズン中にアップデートされた教えの数々を、毎オフ、僕は改めてノートに清書したものだ。現在でも何かあると「野村ミーティングノート」を開いて読み返している。その意味では当時のヤクルト選手のバイブル的な内容だ（P174参照）。

「野口ノート」

「野村ミーティング」の板書を毎年オフに清書し直したという「野口ノート」。当時のプロ野球選手にとって〝革命的〟な思考法や内容であり、現在でも野口氏をはじめ、多くの「野村チルドレン」のバイブルとなっている。

リードなり配球そのものは、その時々で打席に立つ打者に何かしら変化があるものだ。もちろん「各試合の配球ノート」は参考にするが、それほど重きを置いていなかった。データばかりを重視すると「机上の空論」「頭でっかち」になって失敗することもある。試合も投手も打者もリードも生きているし、その都度「動く」ものだと思う。

過去の対戦はだいたい頭に入っているので、先乗りスコアラーが持ってきてくれる直近の数試合の資料を重視した。あとは、投手の当日の調子から「どの球種を軸にできるのか」、相手打線がどの球種に絞ってきているのかを見極めた。

04 強肩強打の古田に代わって出場

1994年4月、古田さんが前田智徳（広島）のファウルチップで右手人差し指を骨折し、全治2か月（94年古田出場76試合）。僕はダグアウトの野村監督に怒られながら投手をリードした。古田さんが復帰してからも西村龍次さん（通算75勝）の先発時にスタメンマスクをかぶらせてもらった（94年野口出場63試合）。

当時の先発投手陣の伊東昭光さん、荒木大輔さん、岡林洋一さん、川崎憲次郎さん、石井一久らの中でリードが1番難しいのは西村さんだった。一方、「自分を持っている投手」も西村さんだった。古田さんのリードでも納得できないサインには断固として首を振る。

球種はストレートのほか、決め球のカーブ、シュート、フォークボール。カウント稼ぎに便利なスライダーを当時ほとんどの投手は投げていたが、西村さんは持っていなかった。今考えれば、野村監督は西村さんと僕、双方の成長を意図してバッテリーを組ませたのだと思う。

打つ方は63試合で打率・２７０。野村ミーティングにおいて「打者４タイプの中で、己を知れ」というものがあった。簡単に言えば「ストレート待ちの変化球対応」「内外角で打つコースを決める」「打つ方向を決める」「球種にヤマを張る」の４つ。投手と状況に合わせ、リードを打撃に活かし、太いバットを短く持って振ったら、自分が思う以上に数字を残せた。

プロ入り5年目の94年、プロでやっていける自信めいたものをつかみ、実戦勘が錆《さ》びつかないよう、２軍戦出場時も「１軍出場を意識」してプレーしたのがよかったのかもしれない。

05 あの落合が野村監督に「野口譲渡」を直談判

大学・社会人野球経由、ソウル五輪銀メダル獲得、プロでも大活躍した稀代の名捕手・古田敦也さんの壁は高く険しかった。しかし、野村克也さんの控え捕手・高橋博士さん（南海→日本ハム、ロッテ。現役19年）や黒田正宏さん（南海→西武。現役15年）がそうであったように、

06 パ・リーグ移籍、即レギュラーで球宴2度

古田さんを目標にして僕は地力を蓄えた。

1996年オフ、清原和博さん（西武）の巨人FA移籍に伴い、落合博満さん（当時・巨人）は退団、他球団移籍を決めた。野村監督（ヤクルト）は落合さんの獲得交渉に乗り出したが、落合さんは日本ハム移籍を選んだ。

だが、日本ハムで97年1シーズンを過ごした落合さんは、翌98年3月のオープン戦、神宮球場の打撃ケージの後ろで野村監督に直接交渉したらしい。

「ワンバウンドを止められる。強肩で二塁盗塁も刺せる。ノム（野村）さん、野口をくださいよ」。

幸運にも落合さんの慧眼《けいがん》にかなったのか、僕の日本ハム移籍（城石憲之内野手との交換トレード）が急きょ決定したのだ。

野村さんのヤクルト監督は98年まで。落合さんの現役も98年までだったので、思えば僕にとってこれ以上ない絶好のタイミングだった。「桃栗三年柿八年」のことわざではないが、経験値が物を言う捕手のポジション。自分で言うのは僭越《せんえつ》だが、僕はプロ8年を経た捕手として、まさに熟成のときだったのかもしれない。

野村監督には「内角にボール球を投げる重要性」をミーティングでこんこんと説かれた。

「140何キロの硬球を生身の体近辺に投げられたら多少の恐怖感が出る。0コンマ何秒かでも腰が早く開けば、外角変化球や低目に落ちる球が生きる。本塁打の打球がフェンス手前で失速するかもしれない」

だが、当時の日本ハム投手陣はなかなか思い切れなかった。なぜなら、内角甘いところに入れば痛打されるし、それこそ死球の危険性がある。

投手陣に対して意識改革のリードを徐々に進めた僕は、捕手出身の上田利治監督に多く起用される。山下和彦さん（前・近鉄。1997年81試合）、田口昌徳さん（97年81試合）、小笠原道大（97年44試合）に代わり、移籍1年目の98年にオールスター出場を果たした。

前年度優勝、監督推薦してくれた全パの東尾修監督（西武）に僕はあいさつに赴《おもむ》いた。ナゴヤドームのグラウンドで東尾監督は全セの野村監督と談笑していた。

「ノムさん、こういう好捕手をパ・リーグに放出しては困りますよ」

「トンビ（東尾）よ、何言うとるか。野口、ワシはまだ認めてないからな」

野村監督の選手への接し方は、実力の下の選手から「無視、称賛、非難」の順。少しは気にかけてもらえるようになったのかと嬉しかった。

その98年109試合出場、翌99年130試合出場。2000年には2度目のオールスター出場を果たした。

07
日本ハム〝ビッグバン打線〟の恐怖の8番

僕は現役時代、「内角か外角、コースを決めて打つ」タイプだった（P176参照）。捕手としてのリードを打撃に活かすわけだが、あまり考えすぎると逆に確率が低くなってしまう。5球種持っている投手と対戦する場合、「球種にヤマを張る」と確率は20パーセントずつだが、内角か外角なら50パーセントずつに高められると考えたわけだ。

強打の捕手は「リードを打撃に活かした」と、リード自体の信憑《しんぴょう》性も高まり、投手を納得させられる。いずれも通算2000安打と首位打者を獲得した古田敦也さん（ヤクルト）しかり、阿部慎之助（巨人）しかり、最近では首位打者の森友哉（西武→オリックス）だ。

ただ僕の考え上、「リード」「キャッチング」「ブロッキング」「スローイング」「バッティング」は、優先順位をつけるのではなく、どれもが「1位タイ」。その中でも打撃を1番疎《おろそ》かにしてしまったかもしれない。

それでも2000年には134試合で137安打を放ち、打率・298、9本塁打、76打点。

11三塁打はパ・リーグ1位。「日本ハム〝ビッグバン（爆発的膨張）打線〟の恐怖の8番打者」と呼んでもらった。あと1安打放てば、打率3割だったのは惜しまれる。

08 DH制の副産物である「パのスピード&パワー」

僕が日本ハムに移籍した1998年当時はまだ「緻密《ちみつ》な野球のセ・リーグ」「豪快な野球のパ・リーグ」という区別だった気がする。それはもちろんパ・リーグのDH（指名打者）制度とパ・リーグに広い球場が多かったことに起因すると思う。「豪快な打者」を上回ろうとして「豪快な投手」が育つ。

だから、投手が投げる球のスピードと打者のスイングのパワーは、総体的にパ・リーグ選手がセ・リーグ選手を明らかに上回っている。

セ・パ交流戦が始まった2005年から23年までの19年間（20年はコロナで中止）の優勝はパ・リーグ球団が13度。同じ19年間の日本シリーズで日本一はパ・リーグ球団が14度と、「パ・リーグの圧倒的スピードとパワー」を裏づける。

とはいえ、野村克也監督が06年から09年まで楽天監督を務めたことで、パ・リーグにも緻密な「ID（データ重視、活用）野球」が浸透した。

09 セは「巧い選手」、パは「強い選手」を獲る傾向

スカウティングの観点からしてセ・リーグは「巧い選手」を獲るが、パ・リーグは「強い選手」を獲る傾向がある気がする。

あとはクジ運。松坂大輔（西武）、田中将大（楽天）、佐々木朗希（ロッテ）らはドラフト1位指名で競合したが、抽選勝ちしたのはいずれもパ・リーグ球団だった（編集部注／松坂と田中は横浜が抽選負け、佐々木を指名した4球団はすべてパ・リーグ球団だった）。

「投高打低」に関しては、僕の阪神時代（2003年〜08年）、150キロ以上のスピードボールを投げるのはJFK（ジェフ・ウィリアムス、藤川球児、久保田智之）ぐらいだった。それがアマチュア野球にもトレーニング論が普及した現在では、各球団に150キロ投手が多く存在する。

大谷翔平（当時・日本ハム。16年）や佐々木朗希（ロッテ。23年）が165キロ、千賀滉大（ソフトバンク。22年）は164キロをマークした。変化球にしても「スライダー、カットボール」や「フォークボール、スプリット」のように細分化された。

投手の進化が先行したが、データを活用したトレーニングや打撃マシンの質の向上に伴い、

近い将来、打者も投手の進化に追随すると思う。

10 セ復帰。史上最強の2番手捕手に

日本ハム時代の監督は上田利治さん。阪急監督時代は日本一3連覇の名将である。1978年日本シリーズ対ヤクルト第7戦で大杉勝男さんの〝疑惑のアーチ〟に「あれはファウルだ！」と、1時間19分の抗議を続けた「熱い人」であったのは有名な話だ。

上田さんは関西大時代に名投手・村山実さん（のち阪神。通算222勝）とバッテリーを組んでいた。僕が生まれる前だが、そういえば天覧試合（59年）で長嶋茂雄さん（巨人）にサヨナラ本塁打を打たれた村山さんも「あれはファウルだ！」と、負けん気が強かったそうだ（編集部注／実際は本塁打）。

さて、上田さんは理路整然とした采配で、78年から17年を経た日本ハム監督時代（95年～99年）は穏やかになったと噂で聞いていたが、やはり「熱量」は変わらなかった。

阪急時代はダグアウト最前列で福本豊さんに「走れ！　何で走らんのや!?」とまくしたてたらしいが、日本ハム時代も「内角を攻めろ！　何で内角いかんのや!?」と大声で叫んでいた（苦笑）。相手打者が「お前んところの監督、ああ言っているぞ（笑）」「だって、そのまま内角に

いったら打つでしょう?」「そりゃあ打つわなぁ（爆笑）」。

しかし、移籍した僕をいきなり捕手レギュラーで起用してくれ、チームは4位から2位浮上。ドラフト外でプロ入りし、日本ハム時代は5年間で100試合以上出場を4シーズン。その働きが認められたのか以後、阪神、横浜と渡り歩き、「史上最強の2番手捕手」という評価をいただけたのはありがたい限りだ。

11 星野監督いわく「優勝に向けた1番の補強は野口」

ヤクルト・野村監督は1999年から阪神監督に就任し、そのあとの阪神監督を星野仙一さんが2002年から引き継いだ。〝血の入れ替え〟を断行した星野監督は03年に下柳剛さん（日本ハム）、伊良部秀輝さん（レンジャース）、ジェフ・ウィリアムス（ドジャース）、金本知憲さん（広島）を補強する。補強リストの中には僕も含まれていた。

パ・リーグで育った下柳さん、伊良部さんをリードできる。セ・リーグの野球にも精通していたつもりだ。星野監督が「野口は矢野（燿大）クラスの実力を持つ捕手だ。地味だが、優勝に向けた1番の補強だ」と言ってくれたのはモチベーションになった。

85年以来18年ぶりのリーグ優勝を果たした03年は矢野さんが正捕手だが、僕も59試合にマスクをかぶった。「2番手捕手」は試合に入り込みづらい。この年、阪神バッテリーコーチに就任した達川光男さんに相談した。「野口（13年間）も矢野（12年間）もプロで長年築いてきたものがある。自分の好きなようにやればエエ。困ったことがあったら言ってこい」。

僕はまず2回終了まで、相手打線のクリーンアップの打撃をダグアウトで見て試合の雰囲気をつかんだ。その後、ダグアウト裏にある控え室に設置されたモニターで、その日のバッテリーがどういうふうに打者を攻めているのかを確認しながら、「自分ならどうやってリードするか」を考えた。

そのあとブルペンに移動し、中継ぎ投手2人ぐらいの投球を10何球ずつ受けて、球質や投手の調子を把握した。試合に出ないとスピード感が損なわれるので、そのあたりを慣らす意味もある。すると、自分が途中出場したときに多少は困らないものだ。

12 味方投手、相手打線との相性で「捕手複数制」

現役21年間、ヤクルトでは野村監督、日本ハムでは上田監督、大島康徳監督、阪神では星野監督、岡田彰布監督、横浜ではこれまた捕手出身の大矢明彦監督、尾花高夫監督の7監督に仕えた。

セ・パ両リーグの野球の違いをマスク越しに見て、セ・リーグ3チームの違いも経験。レギュラー捕手の時代もあったし、「2番手捕手」の時代もあった。いずれにせよ、1995年と97年はヤクルト、2003年と05年に阪神で、計4度の優勝を経験できたのは自分の中で大いなる財産であり、意義があった。

そんな中、捕手としての仕事は「リード」「キャッチング」「ブロッキング」「スローイング」「バッティング」とあるが、優先順位はどれもが「1位タイ」だと思う。優先順位よりも、それぞれに対してどれだけ「準備」をして試合に臨めるかが大事だと僕は考える。

「捕手パーソナル（単独）制」「捕手複数制」に関しては賛否両論だろうが、両方を経験した僕としては、両方にメリット、デメリットがあると思う。

「捕手パーソナル制」だと、1週間2カード6試合、各先発投手のブルペン練習にくっ付いて投球を受け、好不調の状態を把握することができる。各先発投手とコミュニケーションを取る機会が増え、登板試合でそれに合わせたサインを出せるのはメリットだ。

一方、「捕手パーソナル制」だと、カード初戦に相手打線に火をつけてしまうと、2戦目と3戦目に先発投手が代わってもそこから抜け出せない。「捕手複数制」なら、相手打線の目先を変えられる。

相手投手が右投げだからといって単純に左打ちの捕手を先発させるのでなければ、味方投手との相性、相手打線との相性を考慮して、「捕手複数制」もいいことだと思う。

13 「初球」こそ先乗りスコアラーのデータを活かす

「初球」のリードはやはり1番難しい。投球に対する打者の反応がゼロだし、捕手が要求したゾーンに投手がどれぐらい投げ切れるかも分からない。そんな白紙の状態で、どういうふうに攻めていこうかというときこそ、先乗りスコアラーのデータが生きてくる。

例えば、「初球を見逃す打者」なのか「初球から打ってくる打者」なのかという情報。僕が阪神時代、アレックス・ラミレス（当時ヤクルト。２００１年〜07年。通算２０１７安打）は、「初球を絶対見逃すシーズン」と「初球から打ってくるシーズン」に分かれていた。

初球を見逃す打者の場合、ど真ん中のストレートでカウントを稼げる。また、初球から打ってくる打者の場合、ストレートなら振るけれど、変化球なら振らないのか。すべて振ってくるのか。すべて振ってくる打者ならば、フォークを投げさせたら、まず空振りストライクを取れる。そのあたりまで深掘りする。

ほかには「セーフティーバントの構えをするけれども実際はバットに当てないから、簡単にストライクを取れる」などの情報がありがたかった。

どんな投手であろうと、初球ストライクを取りたい気持ちが絶対ある。それを「見逃し」で取るのか「空振り」で取るのか「ファウル」で取るのかは、バッテリーの共同作業になる。ファウルを打たせにいって、ファウルを打たせられると、より2球目以降の「情報」になる。そこに先述の「打者4タイプ」（P176参照）も掛け合わせるわけだ。

14 井川のノーヒットノーラン

井川慶（阪神。日米通算95勝）とバッテリーを組んで2004年に広島戦（広島市民球場）でノーヒットノーランを達成した（奪三振8、与四死球2、1失策）。20勝を挙げてMVPに輝いた翌年、14勝のシーズンだった。

サインに首を振られた場合、投手の球種が4つあったら、僕は順番に回していって最初に戻る。投手が納得した上で投げるほうがいい。だが、井川は僕のリードに絶対首を振らない。だから「首を振る」というサインを作ったぐらい（苦笑）。しかし、平均145キロの球威あるストレートに、切れ味鋭いスライダーとチェンジアップは、僕のリードミスもカバーしてくれた。

ノーノー達成の試合前、実はブルペンでの投球が不調を極め、3回で降板だろうと思わせた。

「何とかストライクが入るスライダーできょうはカウントを稼ごう」。これがみごとに的中した。

1まわり目終了、4回の攻撃前、広島ナインがダグアウト前で円陣を組んでいた。「変化球が多いから変化球狙いを指示されているな」。一転して2まわり目は、走り始めたストレートを軸にした。7回の攻撃前、広島はまた円陣を組んだ。「今度はストレート狙いに切り換えたな」。3まわり目はいつも通り、変化球をストレートにミックスしたリードで翻弄した。

スコアは1対0。してやったりのリードだった。不調時の投手に自分のリードでノーノーを達成させたのは捕手冥利に尽きた。ストライクを取れる球種が1つあって助かった。

「コントロール」「スピード」「変化球（緩急）」のどれが投手にとって1番大事かはよく聞かれるところだ。これも優先順位はつけがたいが、こうした僕の経験値から強いて言うなら「コントロール」だと思う。低目に丁寧に投げるコントロールがあれば、ある程度、抑えられる見本だった。

15 ストライクゾーン4分割の投手

ストライクゾーンを何マスに分けてリードするかは、その投手の球質やコントロールによって変わる。コントロールが抜群にいい投手に対しては、野村克也さんの「9マス×9マスの81

分割」を使う。（P199参照）

野村さんはストライクゾーンを5マス×5マスに分割し、その左右にかすった1個分ずつもストライク。そのまた左右1個分ずつのボールゾーンを加えた縦横「9マス」だ。

岩田稔（阪神。通算60勝）に関しては「ストライクゾーン2マス×2マスの4分割」だった。なぜなら岩田の投球は独特だった。ストレートの回転は打者の手元で汚く動くし、スライダーは壁に当たって跳ね返るがごとく超鋭角に曲がる。

岩田のようなタイプにコースぎりぎりを要求しても、投げたら意識しすぎてボールゾーンに外れてしまう。だから「コントロールは大まかでいいから、動くストレートの勢いを活かせ。スライダーもとにかくストライクゾーンに入ればいいから」程度のアドバイスにとどめた。

岩田はツーシームとフォークも持っていたので、登板日に思い通りに操れるのなら、その試合にサインを出す球種も増えていった。岩田は2008年に2ケタ10勝を挙げている。

16 岡林、伊藤智、藤川の「投球の軌道」

印象に残る投手を3人挙げるなら岡林洋一さん（ヤクルト。通算53勝）、伊藤智仁さん（ヤクルト。通算37勝25セーブ）、藤川球児（阪神。通算60勝243セーブ163ホールド）だ。

岡林さんは1992年日本シリーズ対西武戦3完投に見るように、ストレートと「縦割れのカーブ」を軸にした熱投派の力投タイプ。しかし、コントロールが抜群によかった（9イニング平均与四球1・95個）。

トモさん（伊藤智仁）は伝説の〝高速スライダー〟を投げた。スライダーと言うと128キロ前後だが、トモさんのスライダーは133キロ前後。右打者には体にぶつかりそうな軌道で来て、そこから外角まで鋭角に横滑りしてバットの空を切らせる。左打者には本塁ベース外角から内角に曲がって来て、出されたバットに差し込む。

現代ならさしずめ本塁ベース43センチを横切る大谷翔平（当時・エンゼルス）の「スイーパー」のような軌道だ。そう考えると世界で初めてスイーパーを投げたのはトモさんかもしれない。トモさんは93年に「1試合16奪三振」などで新人王を受賞した。

藤川球児の代名詞は〝火の玉ストレート〟だ。07年セ・リーグタイの46セーブ。年間70試合前後登板する中、変化球を何球投げたかなという少なさで、とにかくストレート一本槍だった。井端弘和（中日ほか）に言わせると「狙っているミートポイントの球2個分上を打つ」らしい。物理的にそんなことはありえないのだが、ホップするイメージだ。僕はいつも捕っていたので、ミットをはめた左手が軌道を記憶していて、不思議と普通に捕球できた。

17 斉藤和、村上頌の「投手らしい闘争心」

バッテリーを組んでみたかった投手は斉藤和巳（ソフトバンク。通算79勝）だ。190センチを超える長身から150キロ級のストレート、カーブ、スライダー、フォークボールを投じて、2003年には16連勝、05年には15連勝をマークして、「負けないエース」と称賛された。

何より、あの闘争心が素晴らしかった。06年プレーオフ第2ステージ（現・クライマックスシリーズのファイナルステージ）第2戦で、日本ハムにサヨナラ負けを喫した。日本シリーズ進出を果たして歓喜にわく日本ハムナインと、マウンドにうずくまる斉藤の「明と暗のコントラスト」は、出場していなかったプロ野球選手の心をも揺さぶった。

現在の投手でバッテリーを組みたいのは村上頌樹（阪神。23年10勝、最優秀防御率でMVP）だ。175センチと小柄だが、斉藤と同じ「投手らしい投手」の空気を醸し出す。闘争心は胸の内に秘め、カットボール、フォーク、ツーシーム、スローカーブなど多彩な変化球を驚異的なコントロールで操る（23年9イニング平均与四球率0・94個）。

松坂大輔（西武ほか。日米通算170勝）の球速150キロのストレートと伝家の宝刀・スライダーは超本格派で受けてみたかったが、投球が荒れていて大変そうなのは正直否定できな

い（苦笑）。（9イニング平均奪三振率8・50個、同与四球率3・70個）

18 井端、ウッズ、前田智が嫌だった

対戦したホームラン打者、アベレージヒッター、俊足打者、つなぎ役。どのタイプも嫌だが、僕が現役時代1番嫌だったのは小技のきく井端弘和（中日。通算1912安打）。当時は〝竜虎の時代〟と言われ、2004年と06年は中日が、03年と05年は阪神がセ・リーグの覇権を握るツバ競り合いを演じた。

井端は三振が少ないし、「空振り率（空振り数÷スイング数）」も低かった。10球振って空振りは1度ぐらい。だから「アラ（荒木雅博）・イバ（井端）」の打順1、2番が嫌だった。「俺のリードを読まれているんじゃないか!?」。彼はヒットエンドラン、バスターエンドラン、送りバント、盗塁援護の空振りなど、何でもできる技術の持ち主だったから、その時々のカウントによる読み合いだった。だからこそ、1番打者の荒木を徹底して抑えなくてはならなかった。

しかも、4番にはタイロン・ウッズが控えていた。試合前の打撃練習を見ていても凄い飛距離だったが、あの広いナゴヤドームを本拠地にしてシーズン47本塁打なんて信じられない数字だ（06年144打点で二冠王）。

前田智徳（広島。通算2119安打）はすべてにおいて天才中の天才だが、本人は絶対に認めなかった。「努力型の天才」だからだ。アキレス腱を切らなかったらトリプルスリー（打率3割、30本塁打、30盗塁）も、通算3000安打も達成したに違いない。

内角打ちは絶品だった。普通はファウルになるところを巧みなバットコントロールでフェア地域に入れるなど、彼に集中されて打席に臨まれたら絶対に打たれる。だから、前田だけには「ささやき戦術」を試みた。プロ野球界は、入団年があとでも、年上選手が〝先輩〟。年上選手に「ささやき戦術」は使いにくい。前田が同級生でよかった（笑）。

19 歯が立たなかった「緒方の足」と「井口の目」

若手時代、セ・リーグで絶対盗塁を刺せないと思ったのは緒方孝市さん（広島）だ。1996年の広島は、メジャーリーグの豪打レッズになぞらえて〝ビッグレッドマシン〟の異名を取った。1番打者の緒方さんは23本塁打を放ち、（50盗塁、10盗塁死。成功率・833）盗塁王にも輝いた。まさに核弾頭の名にふさわしい活躍だった。

当時は飯田哲也さん（ヤクルト）、石井琢朗さん（横浜）らの韋駄天《いだてん》がタイトルを分け合っていた時代。石井さんは刺せたが、緒方さんのスピードには歯が立たなかった。

パ・リーグでは井口資仁（ダイエー＝現・ソフトバンク）だ。メジャーから帰国後、ロッテで4番打者を張っていたイメージが強いかもしれないが、2001年（44盗塁、9盗塁死、成功率・830）と03年（42盗塁、6盗塁死、成功率・875）に盗塁王に輝いている。

僕は2度パ・リーグ盗塁阻止率1位をマークした（編集部注／98年107試合、盗塁企図57、刺24、盗塁阻止率・421。00年134試合、盗塁企図78、刺33、盗塁阻止率・423）。あの当時、イチロー（オリックス）や、松井稼頭央（西武）、小坂誠（ロッテ）らが盗塁王常連。

しかし、井口は島田誠コーチ（史上17位通算352盗塁）と、パ・リーグ主力全投手のクセを鵜の目鷹の目で研究していた。セットポジションに入ったとき、投球と牽制球で投手の背中にできるユニフォームのシワの違いを見分けていたのだ。だから井口は右投手の左足が上がる前からスタートを切っていた。刺せるわけがない。僕は勝負の土俵にさえ上がれなかった。

メジャーリーグのロナルド・アクーニャ（ブレーブス）が2023年に41本塁打73盗塁（盗塁王）を記録した。24年もエリー・デラクルーズ（レッズ）が快調に盗塁数を伸ばし67盗塁。

しかし、メジャーはクイックモーションが甘いし、牽制3回以内で刺さないとボークが課されるし、ベースも大きい（NPB約38センチ、MLB約46センチ）。一、二塁間で計15～16センチの差が生じる。その意味では日本の盗塁数が減るのも仕方のないことか……。

20 大谷翔平を抑えるなら「外角変化球→内角高目」

メジャーに移籍した大谷翔平が安打を放ち、一塁ベース上で打球角度を確認する仕草を一時期よく見せた。昨今は〝フライボール革命〟がもてはやされている。「打球角度が26度〜30度で上がり、打球速度が時速158キロ以上」が、最も本塁打や安打になりやすいとされ、この領域は「バレルゾーン」と呼ばれている。

だが、外国人以上に体を鍛え抜いた大谷だからこそ強引にライトスタンドに打球を運べるのであり、あんな芸当ができるのは世界にひと握りしか存在しない。

体ができていない中学生や高校生が猫も杓子《しゃくし》も大谷の真似をする。大谷に憧れて野球を始めるのは野球の普及発展において大変喜ばしいことだが、半面、自分に適した方向性の「正しい努力」が必要である。最近やっとそう考えてくれる指導者が増えつつあるのは嬉しいことだ。

そんな大谷を敢えて抑えるとしたら？　彼は早めにステップして左踵《かかと》に体重がかかっている。だから、内角を意識させることができてさえいれば、外角の大き目の変化球、スイーパーやカーブにタイミングが合わず、見逃すことが多い。

緩急を使いながら、ストライクを2つくらい稼げたら、最終的には内角高目ストレートだろう。もしくは、外に落とす（P201参照）。

または、いきなり初球、内角高目にストレートを投げ込ませる。それで結果が出ると思う。攻め方はどちらかだ。いずれにせよ内角高目は打ち取る確率が高いような気がする。

メジャーで50本以上打つスラッガーなのだから（21年46本塁打。23年44発と24年54発で本塁打王）、内外角、高低、緩急、いろいろ意識させなくては打ち取れない。逆に言えば、だからこそMLBでホームランキングなのだ。

21 野口流リードは「球種の数だけ、決め球がある」

「投手の長所を引き出すリード」「打者の弱点を突くリード」「状況中心のリード」がある。

ただ、「状況中心のリード」と言うと、例えば1死三塁で外野フライを打たせないようにするとか、走者一塁で右方向に打たせないようにするぐらいだ。現実問題として、「投手の長所を引き出すリード」か「打者の弱点を突くリード」に二分されるのではないか。

とにかく12種類のカウントごとに、決まった球種のサインを出さないように努めた。特徴や傾向が出ると、打者からはくみしやすい。そうならないようにする。極端な話、初球から3ボール2ストライクまで、全部特殊球のフォークを投げさせてもいい。

逆に、打者を打ち取るのに、その投手の決め球を使わなくてもいい。投手が5つの球種を持っていて、あるカウントにおいて、ある球種を投げる確率が20パーセントずつ均等だったら、打者は打ちづらいだろう。「どんな球種が来るか分からない」のが究極のリードの形だと思う。

先に「リード」「キャッチング」「ブロッキング」「スローイング」「バッティング」は、優先順位をつけるのではなく、どれもが「1位タイ」。そう話したが、同様の考えだ。

22 21年間の「左手の記憶」

思えば、野村克也監督（ヤクルト）からは、最終的な決め球からリードを組み立てる「逆算型のリード」を指導された。僕としても「逆算型」をやろうと心がけたし、そういうタイプの捕手になりたかった。最終的に外角低目スライダーで仕留めたかったら、その前に同じ軌道のストレートのボール球を見せておかなくてはならない。

そう考えると、初球の入りをどうするか。例えば、右打者の体近くから本塁ベース内側に入る、いわゆる「フロントドア」の内角高目スライダーでカウントを稼ごうとする。だが、ストライクが入らない場合は、逆算リードの軌道修正を余儀なくされる。絶対、想定外がある。思い通りにはいかないものだ。

だから、僕は結果的に「積み上げ型」のほうが圧倒的に多かった。そういう意味では「逆算型」は、リードにおける「究極の理想」ではないか。

最後に「信頼される捕手」とは、目先の1勝にこだわって、そのためにしっかりと準備ができる捕手のことだと思う。さり気ない観察力、洞察力、目配り、気配り。だから「捕手冥利に尽きる」のは、自分の成績よりもチームが勝ったときにほかならない。そのためにマスクをかぶるのだ。

投手はみな、自分の「思い」を白球に託すのだと思う。21年間受け止めてきた多くの投手の思いを、ミット越しの「左手が記憶」している。ドラフト外で入団し、憧れのプロ野球の現役ユニフォームを21年間も着続けられた。捕手という特殊なポジションに感謝している。

ストライクゾーン分割表

野口寿浩

- 変化球で凡打にさせるゾーン
- カウントを稼ぐファウルゾーン
- 内角意識づけのゾーン
- ストレートの空振りゾーン
- 左打者だけの危険ゾーン

9マス×9マスでリードする

※右打者の場合
（左打者は逆）

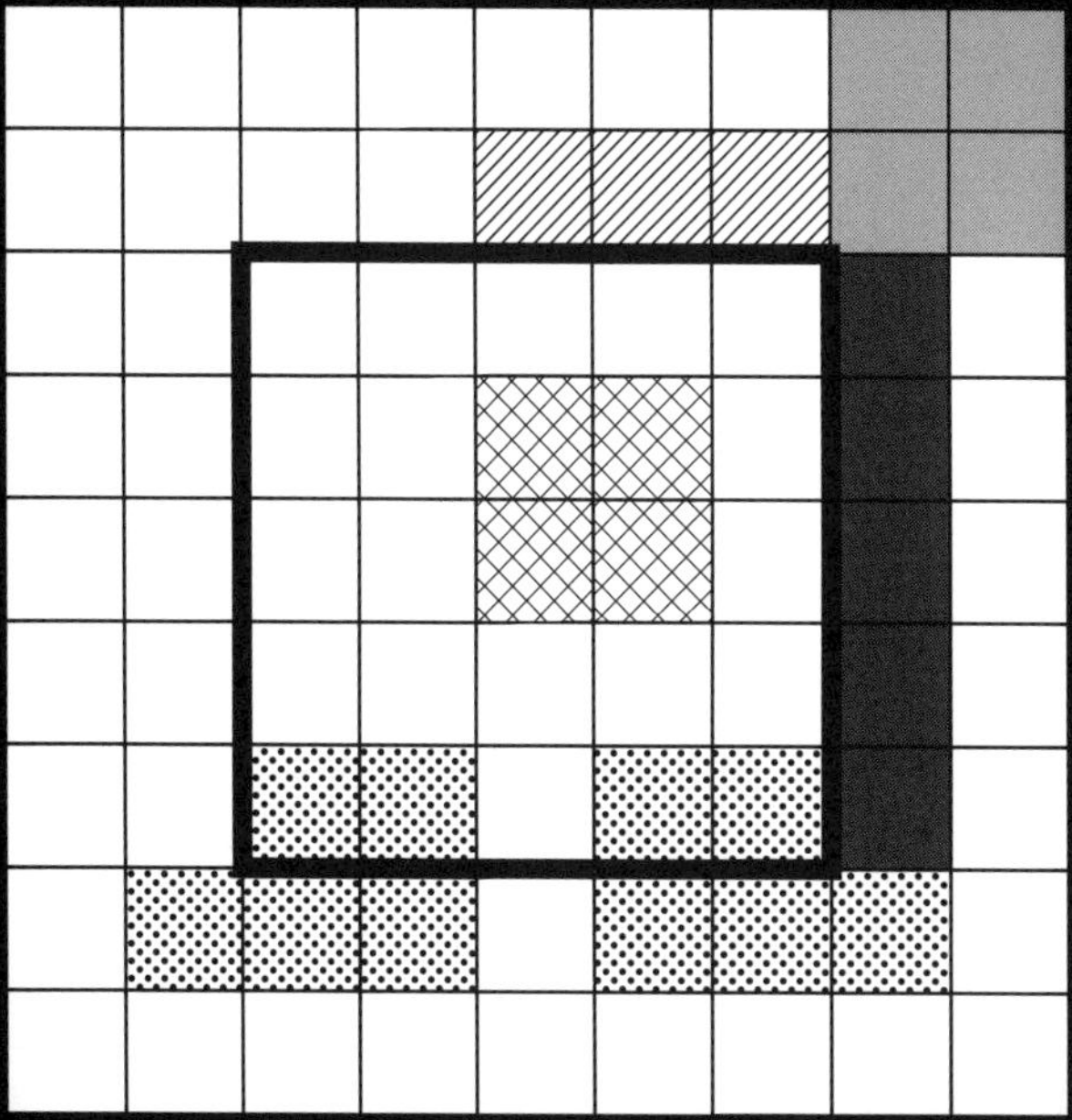

投手方向から見た図

野口寿浩の仮想リード

阪神――藤川球児 VS タイロン・ウッズ――中日

腕の長い外国人打者。腕が伸び切らない内角球、または藤川のホップする“火の玉ストレート”の高目ボール球で釣る。

1球目 ＝ 内角高目ストレートは、見逃しストライク ………… 0B－1S
2球目 ＝ 内角高目ストレートは、ボール ………… 1B－1S
3球目 ＝ 真ん中高目ストレートは、見逃しストライク ………… 1B－2S
4球目 ＝ 真ん中高目ボール球ストレートは、ファウル ………… 1B－2S
5球目 ＝ 内角高目ストレートは、ボール ………… 2B－2S
6球目 ＝ 真ん中高目ボール球ストレートで勝負、空振り三振 ………… 2B－3S

球種の凡例

○	ストレート 144～150km/h
◁	シュート 135～140km/h
⬭	カット 135～140km/h
▽	フォーク 130～135km/h
▷	スライダー 128～135km/h
□	チェンジアップ 120～125km/h
△	カーブ 115～120km/h

配球図の見方

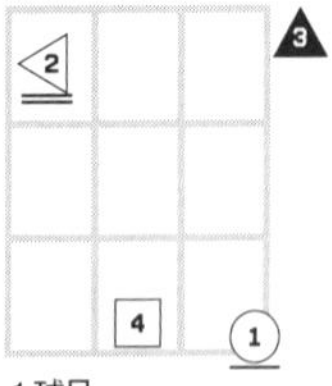

1球目
ストレート／ファウル
（線1本）

2球目
シュート／空振り
（線2本）

3球目
カーブ／ボール（白抜き）

4球目
チェンジアップ／見逃し

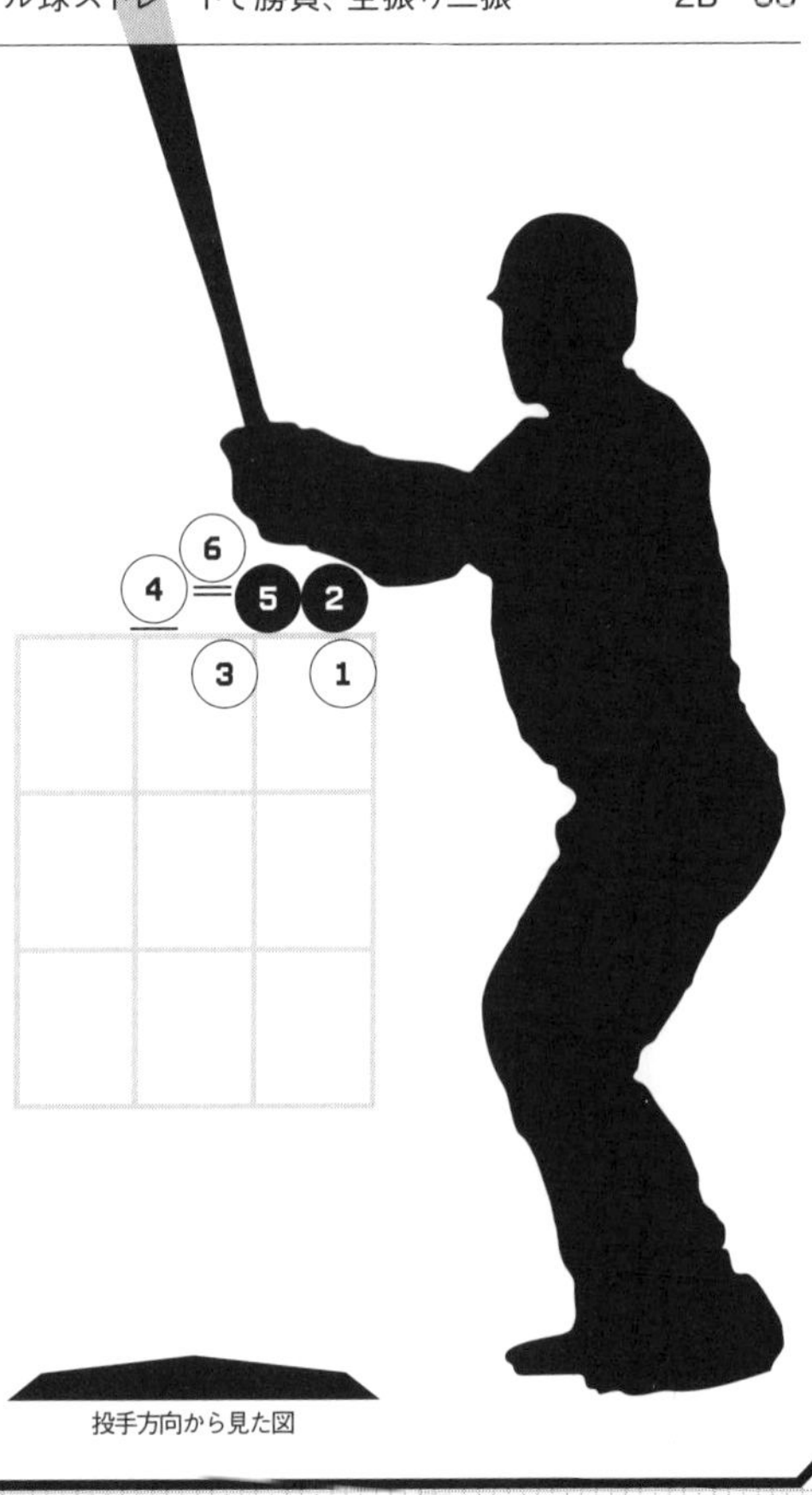

投手方向から見た図

野口寿浩の仮想リード

阪神――井川 慶 VS 大谷翔平――ドジャース

1球目を井川の球威ある内角高目ストライクのストレートで押す。

ファウル、空振り、見逃しストライクなら、
以後、外角スライダーと外角チェンジアップで攻める。
もしくは1球目を大谷に本塁打される。
いずれにせよ1球で「勝負」がつくと思う。

1球目 ＝ 内角高目ストレートは空振り…… 0B－1S
2球目 ＝ 外角低目スライダーは、見逃しストライク…… 0B－2S
3球目 ＝ 外角低目にチェンジアップを落として勝負

【編集部注】2024年ワールドシリーズを制した第5戦。大谷は5打席中、4打席に「初球」をスイング。
2023年サイ・ヤング賞のゲリット・コールに対し、第3打席は
1球目＝真ん中高目ストレート空振り、
2球目＝内角低目ボール（逆球）、
3球目＝内角高目ストレート空振り、
4球目＝外角低目カーブ（空振り三振）。
第4打席はコールの全3球とも外角低目で、3球目のカーブを遊撃ゴロ。

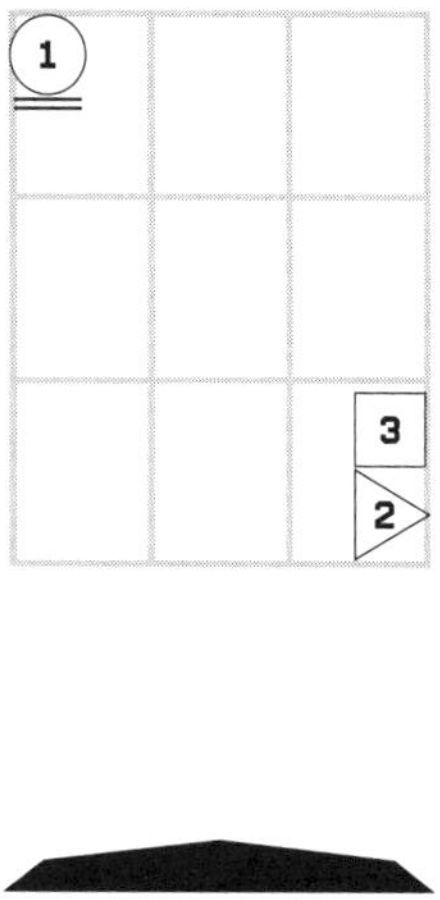

投手方向から見た図

球種の凡例

○	ストレート 144～150km/h
◁	シュート 135～140km/h
⬭	カット 135～140km/h
▽	フォーク 130～135km/h
▷	スライダー 128～135km/h
□	チェンジアップ 120～125km/h
△	カーブ 115～120km/h

配球図の見方

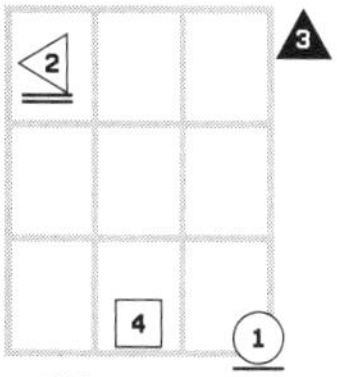

1球目
ストレート／ファウル
（線1本）
2球目
シュート／空振り
（線2本）
3球目
カーブ／ボール（白抜き）
4球目
チェンジアップ／見逃し

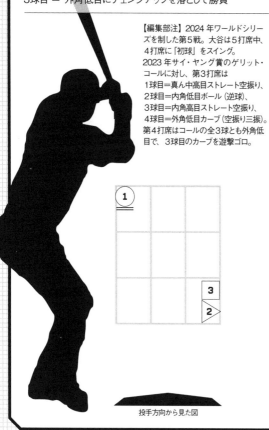

「小さく構え、ミットが的」

体を小さく構える

ミットが大きな目標になるように見せたいので、逆に体を小さく構える。ミットの後ろに自分の体を隠すようなイメージ。

ミットの構え方

人差し指は12時の方向（ミットのウェブの付け根が上を向く）。

左ヒジを中心に回転させる

左ヒジを時計の中心として、360度回転させるイメージで捕球。

西山秀二氏の工夫を参考にした

日本ハム時代、黒いミットに白いラインを入れて、投手のターゲットになる工夫を施した。「西山秀二さん（広島）が赤いプロテクター、赤いミットに白いラインを入れていたのを参考にした」（野口）

ミットの色

研究によると18・44メートルのバッテリー間で、投手が集中しやすいミットの色は黄色と青らしいが、ユニフォームやプロテクターの色と同調してしまう場合がある。色は本人の好みだ。

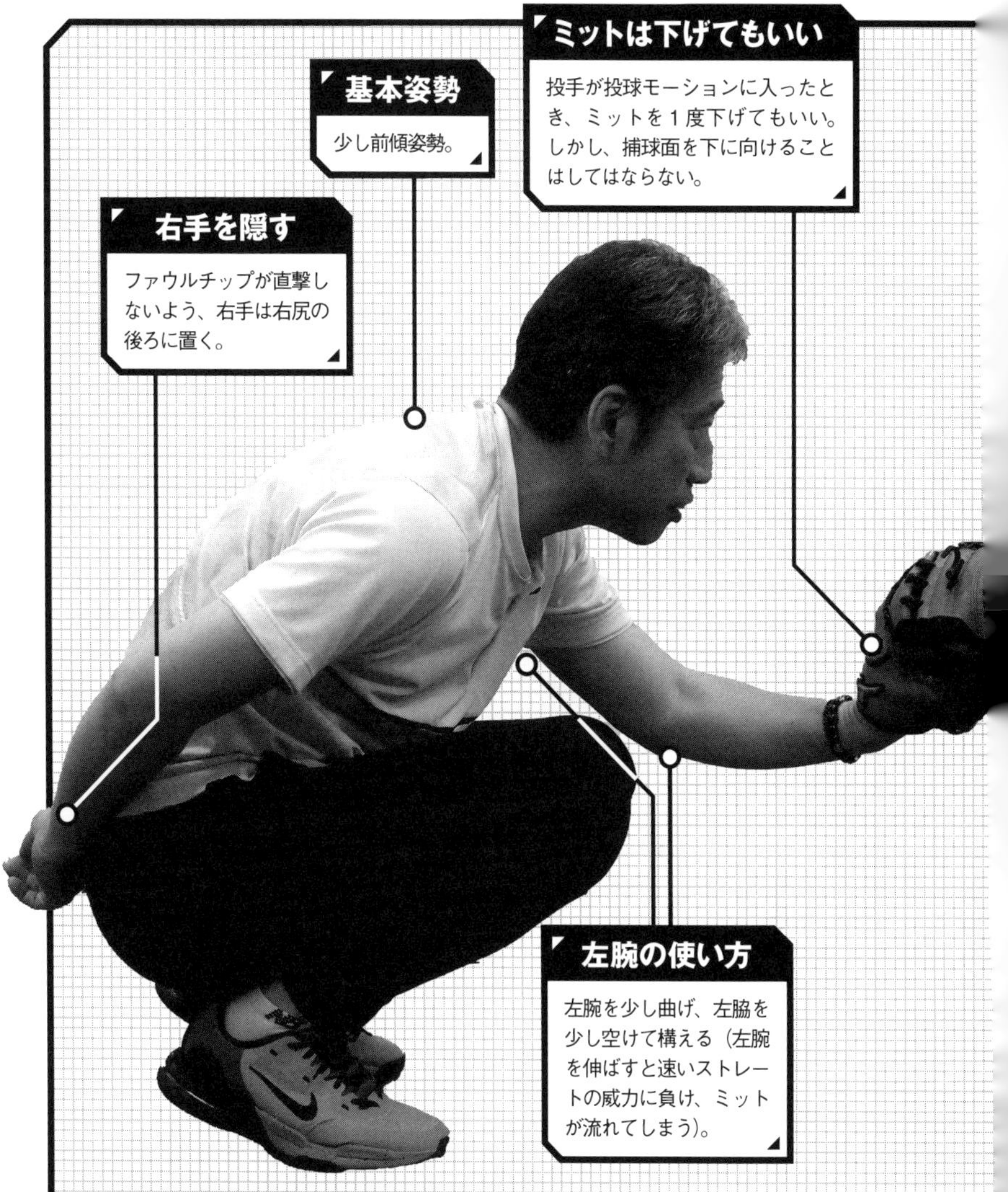

ミットは下げてもいい
投手が投球モーションに入ったとき、ミットを1度下げてもいい。しかし、捕球面を下に向けることはしてはならない。
基本姿勢
少し前傾姿勢。
右手を隠す
ファウルチップが直撃しないよう、右手は右尻の後ろに置く。
左腕の使い方
左腕を少し曲げ、左脇を少し空けて構える（左腕を伸ばすと速いストレートの威力に負け、ミットが流れてしまう）。

ミットは１シーズン３個ぐらい使用する

1試合150球近く硬球を受けると必然的にほころびが出る。1シーズン143試合で、ミットは3個ぐらい使用する。メーカーに修理に出しても微妙に使い勝手が変わるので、新品を自分の型に仕上げていったほうが早い場合も多い。

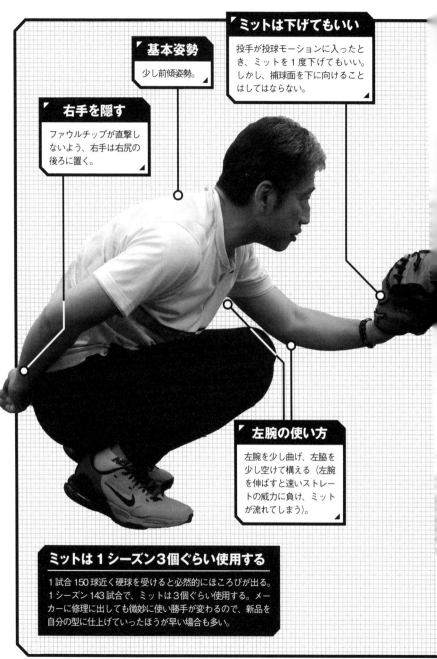

「外角は親指、内角は指4本」

外角低目の捕り方

親指に力を入れて内側に押し込むイメージ。

内角球の捕り方

親指以外の4本に力を入れてミットを立たせるイメージ。

本塁ベースの内側に動かさない

捕球したミットを本塁ベース内側方向に動かさない（球審に「ボール球だから動かすのだ」と思われるので）。

「プロテクターを利用」

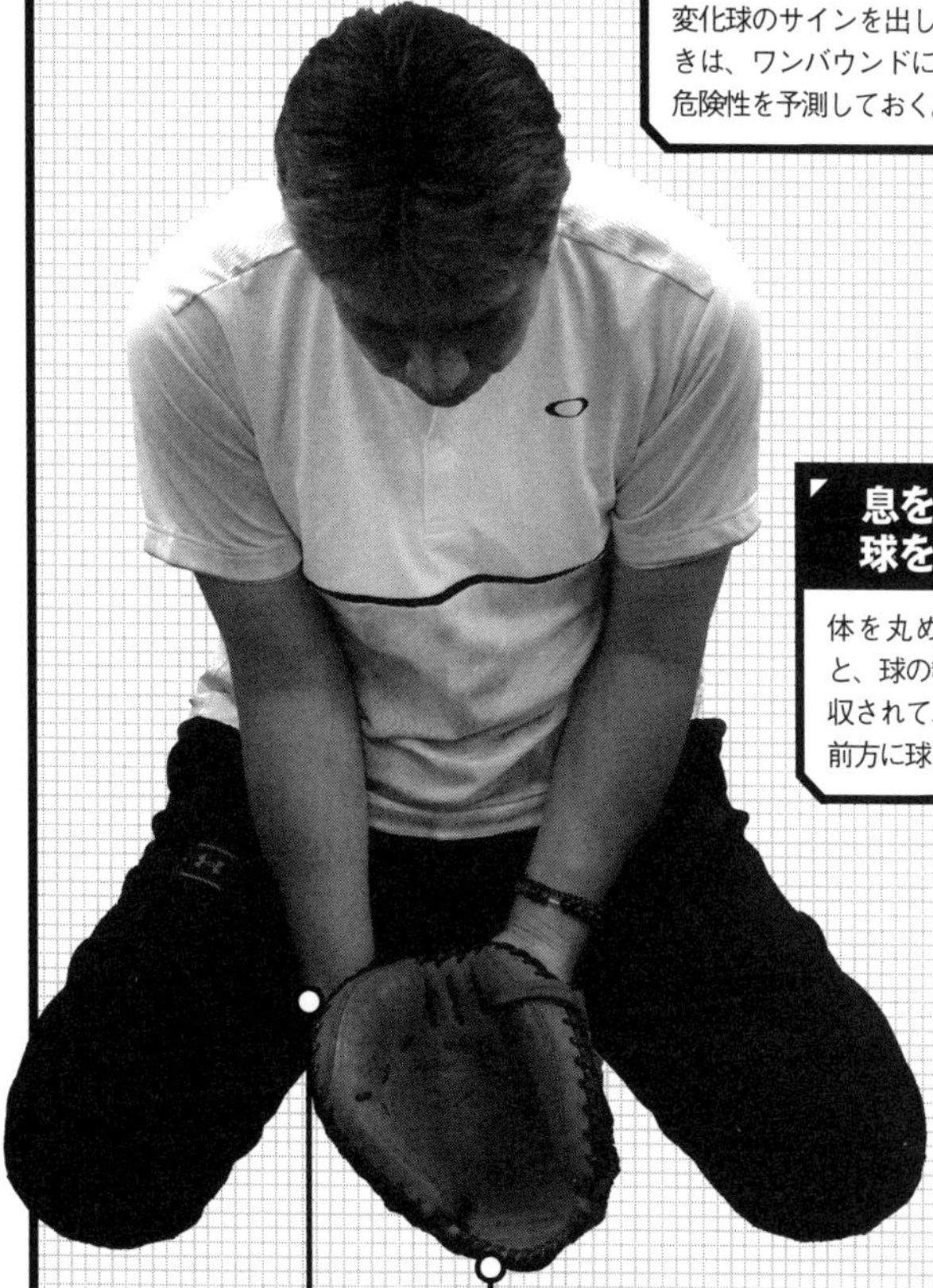

体で止める

ワンバウンド投球を、プロテクターを利用して体で止める（ボディストップ）。

ワンバウンドを予測

変化球のサインを出したときは、ワンバウンドになる危険性を予測しておく。

息を吐いて球を止める

体を丸めて息を吐くと、球の勢いが体に吸収されて、自分のすぐ前方に球が落ちる。

ミットを地面に着ける

投球が股間を抜けるのを塞ぐために、ミットを地面に着ける（右手はミットの後ろ側）。

「プロテクターを利用」

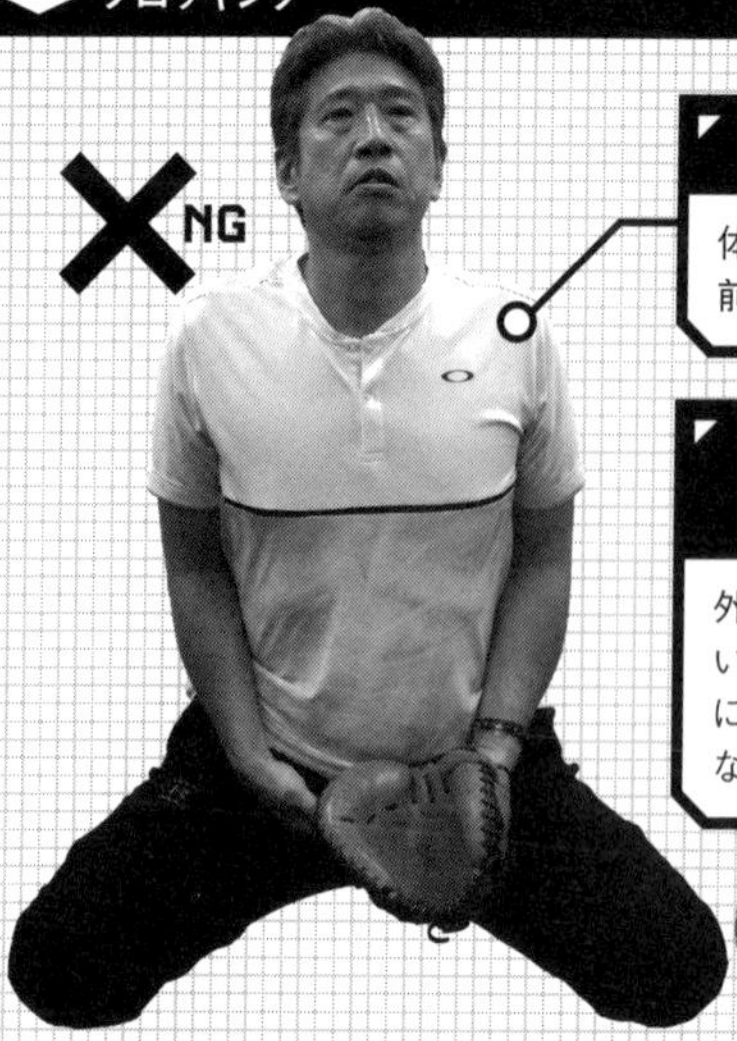

体を反らさない

体を反らすと、ワンバウンドは大きく前方に跳ね返ってしまう。

どちらかの肩を前に出す

外角ワンバウンドは右肩を前に出さないと右斜め後方に後逸してしまう。逆に内角ワンバウンドは左肩を前に出さないと、左斜め後方に後逸してしまう

外角ワンバウンドの場合、右肩を前に

近くに落としてすぐ拾う

投球がワンバウンドしそうな低目の投球を、走者は察知して一歩スタートを切っている。走者が進塁をあきらめる「捕手のすぐ近く」に跳ね返りのボールを落として、すぐ立ち上がって拾う。

ショートバウンドで捕って刺す

「体で止めにいく」のか、「捕りにいく」のか、判断基準が難しい。「ミットで止めにいって、あわよくば捕る」ことができれば、走者はスタートをためらうし、スタートを切っても刺しにいくことができる。

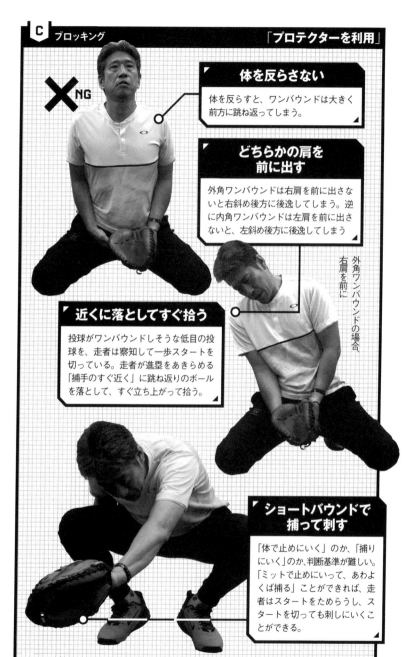

「左足前、右、左のステップ」

あらかじめ左足は前

一塁走者がスタートを切りそうな状況は、あらかじめ左足を半歩から一歩前に構える。

しっかり捕球してから送球

左足を半歩前に出しても、まず打者を打ち取ることが大事。投手に正対して、しっかり捕球（状況によっては際どい球をストライクに）してから送球する。

右足は絶対に左足より前に出す

捕球の際、右足を左足の後ろに入れる「バックステップ」の形は絶対NG。

ステップワーク

あらかじめ左足を前⓪、右足①、左足②のステップで二塁送球する。

送球時の意識

送球は１に「（送球を）正確に」、２に「（動作を）素早く」、３に「強く（腕を振る）」の意識を持つ。

捕手論。

5

捕手

鶴岡慎也

Shinya Tsuruoka

ストレートを「どこで」使うか

Shinya Tsuruoka

PROFILE

- 1981年4月11日生まれ、鹿児島県出身。175センチ78キロ。右投げ右打ち。
- 樟南高〈甲子園〉→三菱重工横浜→日本ハム（2002年ドラフト8巡目）→ソフトバンク(14年）→日本ハム（18年〜21年)。
- 現役19年＝通算1220試合646安打、打率・238、20本塁打、267打点。
- 主なタイトル、受賞＝ゴールデングラブ賞（09年)、ベストナイン（12年)、オールスター出場2度。フレッシュオールスターMVP(05年)。
- 通算守備率・996（日本ハム時代09年と、ソフトバンク時代16年に、守備率リーグ1位)。
- 盗塁阻止率・263（712企図、187刺)。
- ダルビッシュ有、斎藤佑樹、大谷翔平（いずれも日本ハム)、摂津正、デニス・サファテ、千賀滉大（いずれもソフトバンク）らとバッテリーを組んだ。

01 野球選手としての感性を磨けた「捕手転向」

私は鹿児島県出身で、ボーイズリーグの鹿屋ベイスターズに所属していた中学校2年生のとき、捕手出身の監督に投手から捕手への転向を言い渡された。

全国大会では、桑田真澄さん（PL学園高→巨人）をOBに持つ八尾フレンド（大阪）などを倒して準優勝を遂げた。優勝した「京都田辺」にはPL学園高に進学した覚前昌也（のち近鉄）がいた。

捕手は、打席に臨んだ打者のスイングの速さ、狙い球を絞るクレバーさを身近に感じられる。結果的に捕手だったからプロに行けた。投手を続けたいのはやまやまだったが、特に感受性豊かな中学時代に、捕手の適性を見抜いてくれた当時の監督に感謝している。

進学した樟南高校では、甲子園の土を2度踏めた。高2春はPL学園高に敗れた。高3夏は4強。社会人野球の三菱重工横浜を経て、2002年ドラフト8巡目で日本ハムに入団した。

私と在籍期間が重なっていないとはいえ、大谷翔平（現・ドジャース）の父・徹さんは三菱重工横浜野球部、母・加代子さんは同バトミントン部の出身。（大谷）翔平とのちに日本ハムでバッテリーを組んだのも何かの縁か。

02

捕手の恩師、山崎&山中コーチ

プロ入り当初、捕手として影響を受けた恩師は「4人」いる。すべてのかたに感謝している。まず、2軍の山崎章弘育成コーチ。山崎コーチは現役時代、巨人で山倉和博さん、中尾孝義さんの控え捕手だった。息子は投手の福也（オリックス→日本ハム）だ。2003年、04年と2軍で苦しい時代、山崎コーチに捕手としての土台「キャッチング」「ブロッキング」「スローイング」を叩き込まれた。

次に1軍の山中潔バッテリーコーチ。山中コーチはPL学園高出身。どうも私はPL学園高に縁があるようだ。山中さんのプロ入りは広島。達川光男さんの控え捕手を経て、ダイエー、中日、日本ハム、ロッテでマスクをかぶった。

私が1軍昇格後は、山中コーチに捕手としての「立ち居振る舞い」を学んだ。「味方も敵もみんなが〝司令塔〟たる捕手を見ているんだぞ。投手が打たれても言い訳をするな。見逃し三振に打ち取ったり、盗塁を刺したら気持ちがいいけれど、常に冷静に。完封しても謙虚でいなさい。自分がタイムリー安打を打ってもガッツポーズは控えなさい」。

勝ちがあれば負けもあるのが勝負事。俯瞰《ふかん》して客観的にみずからを見る。感情をコントロールする「捕手としてのメンタリティー」は、私の以後のキャリアの軸になった。

03 中嶋聡の「割り切りと追求」「言葉の力」

3人目は一緒にプレーした中嶋聡さん（2024年までオリックス監督）だ。中嶋さんは、阪急（現・オリックス）でプロ入り後、西武、横浜、日本ハムと移籍。「地肩の強さ」とプロ野球最多「実働29年」捕手として有名だ。私がプロ入り2年目の04年に日本ハムに加入、さらに07年から15年まで捕手兼任コーチを務めた。中嶋さんと私（14年ソフトバンクにFA移籍）は、計10年間一緒に選手生活を過ごした。

中嶋さんはリリーフエースのマイケル中村さん（通算104セーブ）、武田久さん（通算167セーブ107ホールド）をリードする「抑え捕手」の役割を担った。

同じ捕手としてライバルかつチームメイトであり、またちょうどひとまわり上のコーチであり、中嶋さんとは不思議な〝立ち位置〟の関係だった。

「あの場面、何でストレートで不用意にストライクを取りにいった？」

「あの投手では投げ切れんと思って、消去法でのスライダーやろう。捕手のお前が信用してやらんと、投手は成長せえへんで」

「要求した内角球とは〝逆球《ぎゃくだま》〟の外角球を本塁打されてビビっとるんやろ。でも、ここで内角いけんかったらお前はプロの捕手として生きていけんぞ。打たれても俺が責任取ったるから内角を攻めろ！」

あたかも中嶋さんと一緒にマスクをかぶって、一緒に試合を進めている感覚だった。私も現役19年間の最終3年間は捕手兼任コーチを務めた。「俺のほうが投手を巧くリードして、チームを勝たせられるのにな。でも、若手捕手を育成するために、あのころの中嶋さんもこんな心境だったんだろうな」。

捕手のリードは正解不正解が、勝ち負けの結果でしか出てこない。どれだけ好リードを続けても、最後に投手が投げた逆球を本塁打されて負けることもある。仕方ない部分もあり、物凄くストレスは溜《た》まるが、そこを割り切らなくてはならない。

とはいえ、常に完璧を追求していくべきだ。その「割り切りと追求」の使い分けをうまくできるのが好捕手だと思う。

中嶋さんは根拠のある「言葉の力」で選手の背中を押す。1996年以来、四半世紀も優勝から遠ざかっていたオリックスが、中嶋監督が就任して即、2021年からリーグ3連覇を達成できたのも納得できる。

04 すべてお見通しだった梨田監督

最後に梨田昌孝監督だ。梨田監督は近鉄と日本ハムをリーグ制覇に導き、のちの楽天を含めて3球団で監督を歴任した名監督だ。日本ハム時代の2009年、私に初めてゴールデングラブ賞を受賞させてくれたと言っても過言ではない大師匠である。

梨田監督は「近鉄いてまえ打線」の豪快なイメージが強いかもしれない。しかし攻撃面においては、走者を進める場面では確実に送りバントのサインを出し、スクイズで加点する手堅い野球だった。

そして捕手というポジション出身だけあって、とても守備重視の監督だった。「打てなくてもいいから、しっかり捕りなさい。ワンバウンドを止めて、盗塁を刺して、投手をしっかりリードしなさい」。だから09年優勝時、私は打率・221の低打率なのに初めてシーズン100試合以上（122試合）に出場した。普通ならあまり考えられないことだ（編集部注／守備率・997はリーグ1位）。

遊撃手出身のトレイ・ヒルマン監督（日本ハム）には「もっと内角を攻めなさい」と言われ、投手出身の工藤公康監督（ソフトバンク時代）は現役時代に組み立てを考えながら投げていた投手らしく、リードに対して細かかった。だが、逆に梨田監督は捕手出身の監督だからだろう。リードに関してはすべてお見通しで、「こういう（投手が不調で打たれる）ときもあるが、前向きに頑張りなさい」。敢えて細かなことは何も言わず、温かく見守ってくれた気遣いが嬉しかった。

「捕手の恩師」4人のおかげで、現役19年間において、日本ハム時代15年間でリーグ優勝4度（日本一1度）、ソフトバンク時代4年間でリーグ優勝3度（日本一3度）。チームに貢献するという意味において多少なりとも恩返しできたのではないかと思う。

05

ダルビッシュの専属捕手

日本ハムで5歳下のダルビッシュ有（現・パドレス）の専属的な捕手になったきっかけは、2005年7月に宮崎で開催されたフレッシュオールスター・ゲームだ。私はダルビッシュとバッテリーを組んで、本塁打を打った。そしてMVPを受賞したことで首脳陣にアピールでき、9月に1軍初出場を果たしたのである。

ダルビッシュの投球は、人間の反射神経限界の球だ。ストレートは捕手の自分に向かってくるので捕球できるが、他の投手より「大きく速く鋭く」曲がる変化球に、対応しなくてはならない。というのも、当時本拠地だった札幌ドームは他の球場に比べて、捕手からバックネットまでの距離が長い。パスボールなどしようものなら、一塁走者は二塁どころか三塁まで一気に進塁する。

強肩強打と言えない私は、ダルビッシュの変化球を必死に捕った。彼のおかげでワンバウンドを止める、かなり高度なブロッキング技術が養われた。打者が空振りするようなワンバウンドの変化球さえ止めておけば何とかなる。そういう自覚が私に芽生え、ダルビッシュがマウンドに登るときに合わせ、いつの間にか私がマスクをかぶるようになっていた。翌06年はダルビッシュが12勝を挙げ、私は76試合に出場した。

06 1年間1軍帯同。修練が結実した優勝

捕手としてやっていける自信めいたものができたのは、プロ入り4年目の2006年に1年間1軍にフル帯同できたことだ。先発マスクをかぶって大連敗を喫した時期がなかった。チームが負けていたら「1軍捕手3人枠」の入れ替えをされていたと思う。

「信頼される捕手」とは、投球を捕る、止める技術が備わっていて、「試合に勝てる捕手」だと思う。「捕手冥利に尽きる」のは、やはり先発投手に「勝ち星」がついて、中継ぎ投手に「ホ

ールド」、抑え投手に「セーブ」がつく試合展開。それが蓄積された究極の形が「優勝」だと思う。

「捕手として評価されるのは、チームが勝つことだ」という教育をずっと受けてきただけに、06年に自分が多くの試合に出て（76試合出場）、初めてチームがリーグ優勝。さらに、日本シリーズでは「落合博満・中日」を相手に5試合中3試合にスタメンマスクをかぶったのは格別な出来事だった。現役引退を表明していた新庄剛志さん（現・日本ハム監督）を中心に、球団44年ぶり日本一を勝ち取った日本シリーズだ。

07

「チーム内のライバル」と「チーム外のライバル」

私（1981年生まれ、2002年ドラフト8巡目）の入団時、日本ハムの捕手には高橋信二さん（岡山・津山工高。1996年ドラフト7位）、実松一成さん（佐賀学園高。98年ドラフト1位）がいた。ライバルというより、先輩を抜かないとプロ野球では食べていけないという目標のような存在だった。

しかし、私が08年97試合に出場し、「ある程度、1軍のメイン捕手としての形ができた。来年は打撃にも注力しないといけないな」と思ったそのオフ、大野奨太（87年生まれ。東洋大。

08年ドラフト1位）を獲得した。「俺に不満があるの？　俺への信用はないの？」と、大いなる危機感を抱き、怒りにも似た闘争心のスイッチが入った瞬間だった。

週6試合のうち私が4試合、（大野）奨太は2試合に使われて、「ドライチ」を順調に育てようという球団の意思も感じた。一方、「キャッチング」「ブロッキング」「スローイング」がある程度完成されていて、さすが大卒の即戦力捕手と感心したが、私にも意地がある。結局翌09年122試合出場、初のゴールデングラブ賞受賞、チームはリーグ優勝を果たして私は溜飲《りゅういん》を下げた。

もう1人、嶋基宏（楽天）をライバル視した。嶋は3歳下だが、田中将大とバッテリーを組んでパ・リーグの同時代をプレーした「同じ右打ちのディフェンス型捕手」だ。ゴールデングラブ賞は私が09年、嶋が10年に受賞。ベストナインは嶋が10年、私が12年に受賞した。

「なら、打撃はどっちがいいんだ。絶対、打率で負けたくない！」

「リードを打撃に活かす」とはよく言われることだ。語弊《ごへい》はあるかもしれないが、それができればほとんどの捕手は打率3割以上を打っているはずだ。

私は打者として相手捕手のリードを最低限読んでいた。相手が犠牲フライを打たれたくない場面では、緩いカーブは投げてこないし、決め球のフォークに狙い球を絞ることになる。私が打席、嶋が捕手。嶋が打席、私が捕手。リードの読み合い、〝バチバチ〟だったと思う（通算打率は鶴岡が・238、嶋が・240）。

08

「甲斐キャノン」以上の「甲斐ブロック」

現在、私が注目する捕手は甲斐拓也（ソフトバンク）と田宮裕涼（日本ハム）だ。

甲斐（大分・楊志館高。2010年育成ドラフト6位）は「経験」を重ねて本当にいい捕手になった。私がソフトバンクにFA移籍したのは33歳の14年。甲斐の1軍昇格はその同じ14年、22歳のシーズンだった。

私は175センチだが、甲斐はもっと小柄な170センチ。だが、肩の強さは衝撃的だった。〝甲斐キャノン〟の異名通り、強肩ばかりがフィーチャーされるが、甲斐の最大の武器は「フットワーク」のよさだ。遠投115メートルはプロの捕手として普通だが、何しろ捕ってからが速い。その二塁送球を支えるのがフットワークなのだ。

もう1つ。千賀滉大（ソフトバンク→メッツ）の〝（落差の大きな）お化けフォーク〟のワンバウンドを止める「ブロッキング」が、スローイング以上に素晴らしい。ワンバウンドを止める技術は、生来のセンスも関係する。プロテクターのいい箇所にワンバウンドを当てないと、弾かれた球がとんでもない方向に転がってしまう。ワンバウンドした投球の正面に回り込む。ヒザを落とす位置とタイミングが絶妙だ。そのブロッキングを支えているのが、やはり甲斐のフットワークなのだ。

甲斐の強肩「スローイング」と絶品「ブロッキング」を初めて見たとき、私は「こんな好捕手がいるのに、なぜ俺をＦＡで獲ったんだろう？　コイツに1度抜かれたら、そのまま俺は試合に出られなくなるな」と思った。「(甲斐) タクヤ、お前、絶対球界を代表する捕手になれるぞ。俺もまだ負けないと思うけど、お互い切磋琢磨《せっさたくま》して頑張ろうぜ！」。

ソフトバンクは14年と15年に日本一になったあと、16年に私は１０３試合出場、甲斐は13試合出場。翌17年に私は29試合出場、台頭した甲斐が１０３試合に出場して日本一。立場は逆転。続く18年、私は再ＦＡで日本ハムに復帰して１０１試合出場。甲斐は１３３試合出場、日本シリーズにおいて「6連続盗塁刺」の新記録でＭＶＰを受賞した。

09 ディフェンス型捕手の「責任」

時は流れ、甲斐は２０２４年32歳。捕手がある程度年齢を重ね、実績を残し、給料ももらう。そうなったとき、「ディフェンス型捕手」は、自分の出す成績に対して、チームの成績に対して「責任を持つ」必要がある。

責任とは勝ち続けられなければ、若手が起用されても文句を言ってはならないし、出場を外されるのを甘んじて受け入れるということだ。森友哉（オリックス）のような「オフェンス型捕手」は、また別の立ち位置だ。

ソフトバンクの捕手は台頭しつつある海野隆司（東海大。19年ドラフト2位）との併用になっている。甲斐は今何を思うのか。今後どう「責任」を持って見返していくのか、興味深い。

他球団に目を移すと、日本ハム6年目の田宮裕涼（千葉・成田高。18年ドラフト6位）が彗《すい》星《せい》のごとく現れたと言っていい活躍だ。開幕スタメンマスクをかぶり、打ちまくり、〝ユア・キャノン〟の強肩を披露して、オールスター初出場も果たした。

だが、セ・パ交流戦後半ぐらいから田宮は疲労が蓄積し、まだシーズンを通して戦った経験がないから、5点取られるところを4点、3点で防ぐ術《すべ》を有していない。しかし、今はすべての経験が糧《かて》になる。球界の捕手の新旧交代に注目したい。

10 鶴岡流リードは「ストレートをどこで使うか」

捕手の1番の仕事は「（投球を）捕って、（ワンバウンドを）止めて、（二塁に）投げる」ことだと思う。すなわち「キャッチング」「ブロッキング」「スローイング」だ。打者を打ち取るために球種やコースを組み合わせる「リード（配球）」はその次だと思う。

とはいえ、僭越《せんえつ》ながら「鶴岡流」リード論を述べさせていただく。私は特に「ストレートを重視」する。全投球数の8割にストレートを投げさせるという意味ではない。全投球数の「7割に変化球」を投げる投手であっても、残り「3割のストレート」を重視するという意味だ。ストレートを意識させることによって、変化球がより生きてくるからだ。

ストレートを効果的に使うにはどうすればいいか？　打者1巡目は、投手の投球に勢いがあるので、ストレートを待たれていても敢えてストレートを投げさせる。安打を打たれても仕方ないと割り切るのだ。

なぜなら最初から変化球を多く投げていて、いざストレートで押したい大事な場面で、投手に余力なくなっていると、ストレートがちょうどいい球速になって痛打を浴びる。だからストレートに勢いがあるうちに、打者にストレートを意識させておくわけだ。

それは内角ボール球でも構わない。レギュラーで何打席も立つような打者には、特にストレートをどこかのタイミングで投げておくべきだ。

11

“槍《やり》の打者”には、変化球を振らせてカウント稼ぎ

「投球をストレートだと思ってどんどん振ってくる打者」のことを、プロ野球用語で“槍”と呼ぶ。ストレートだけは絶対逃がさない。

変化球を1、2、3のタイミングで打つところを、ストレートを打つ1のタイミングでスイングしてくる。つまり、ストレートしか頭にない。例えば、球2、3個分本塁ベース手前で落ちるフォークに手を出してしまう打者。例えば、外角に大きく外れる大ボールのスライダーを振ってしまう打者。

しかし、もう1球変化球を続けても、打者はさすがに振らないだろう。だから、ボール球のストレートを挟んで見逃させておけば、また変化球を空振りしてくれる。

一方、初球ストレートに振り遅れた場合、「変化球を待っているな。もう1球ストレートが甘くいっても、ファウルか空振りか見逃しだ」などと読むこともできる。私はこのように「ストレートを使うタイミングを見計らってリードをする」捕手だった。変化球主体のリードをする捕手もいるが、やはり打者2巡目、3巡目になるとつかまりやすい。

12 ストライクゾーン「4分割」計16エリア

私はストライクゾーンを基本、内外角と高低の「4分割」にした。その周囲にボール球のエリアをプラスして「計16エリア」でリードした。

ただ、球速150キロでもコントロールが物凄く乏《とぼ》しくて、「2分割」の投手もいた。球種によって「内外角の2分割」か「高低の2分割」に分けるのである。だが、基本的にはストライクゾーン「4分割」計16エリアだ（P251参照）。

投手に持っていてほしい球種の数は「先発」「中継ぎ」「抑え」によって違う。先発投手にはストレート、ツーシーム、スライダー、フォークボール、カーブなど5種類は持っていてもらいたい。中継ぎ投手や抑え投手にはストレートのほか、絶対的な「曲がり球」または「落ち球」などの変化球、計3つぐらいだ。

13 バッテリーミーティングの「内容」

「コントロール」「スピード」「変化球（緩急）」。極端な話、球速165キロのような「圧倒的なスピード」があれば「コントロール」は不要だと思うが、そうでなければ「コントロール」

が1番重要だと思う。

私は若い投手に「好きなように投げさせる」のではなく、打者を抑えることを前提に、「野球の流れを読む」「情報を頭に入れる」ことをミーティングで説明した。

まず、投手本人が「自分がストライクを1番取りやすいのはどの球種か」を自覚させた。一方、打者が「初球から積極的に振ってくるタイプか、1球見てくるタイプ」なのか。「走者がいないときはブンブン振り回してくるが、走者がいるときは右打ちをしてくる」などの情報を頭に入れさせた。

いずれもどこにいくか分からない150キロストレート、スライダー、フォークの投手には細々とミーティングはやらない。だが、いずれもそこそこコントロールできる145キロストレートと変化球を持つ投手のときはミーティングをやる。投手のタイプによって、かける言葉や育成法は変わってくると思う。

「対角線のリード」と、よく言われる。打者に「内角高目ストレート」を見せておいて、次に「外角低目スライダー」をいきたいのはやまやまだが、私は投手に必要以上のストレスをかけたくなかった。

思ったエリアにコントロールできない日はどの投手にもあることなのだ。試合前のミーティングで「あの打者には内角高目を攻めないと打ち取れないので、外れても内角高目にもう1度いくよ。その次が外角低目だ」と、前もって意思疎通を図っておくことを心がけた。

「ストライクの積み上げ型」か「決め球からの逆算型」かは、私は間違いなく前者のリードだ。

14 「初球ハードヒットゾーン」のデータ活用

若手捕手時代はまだ自分の感性が発展途上であるし、相手打者の傾向を把握できていないので、データを重視する。以降、経験を重ね、打者との「駆け引き」を覚えていく。私は最終的にデータをかなり重視するほうではなかったが、最低限はインプットしておいた。

投手が1球も投げていなくて、打者が何を狙っているか分からない「初球」のリードは難しい。だから、初球にこそデータの活用が必要だ。

よくテレビ中継で画面に映し出される「被安打率」よりも、もっと詳しい「初球ハードヒットゾーン」のデータを活用する。ハードヒットとは、安打であろうとなかろうと、初速95マイル（約153キロ）以上の痛烈な当たりのことで、ボテボテの打球のラッキー安打は含まない。痛烈な当たりであれば、野手の近くに飛んでも安打になる確率が高くなる。

だから、例えば「初球は内角低目のハードヒットの率が高い」とか「初球は外角低目がノー・

ハードヒットゾーンだ」と明らかに分かっていれば、初球をそこに配球すればよい。ちなみに大谷翔平の2024年「ハードヒット率」60・1パーセントはMLB全体2位だ。

さらに初球は「ファウルでストライク」を取るのが情報収集の観点から理想だ。順番的には次に「空振りストライク」、その次が「見逃しストライク」がいい。

ファウルを打ってくれれば何の球種を待っているか分かるし、空振りしてくれても見当がつく。振らないで見逃されたら分かりづらい。具体的に打者の反応はいろいろある。

・打者がストレートを待っていて、ストレートをいい当たりのファウルにされたとき。
・打者がストレートを待っているのに、ストレートに明らかに振り遅れのファウルのとき。
・打者が変化球も頭に入れていて、ストレートに手を出してファウルにしたとき。

初球の打者の反応で、2球目もストレートが通る（打者が対処できないか、見逃す）と思っても、ストレートに合わせてくる打者もいる。当然ながら初球凡打に打ち取れればもっといいが、最もダメなのは初球安打を打たれること。レギュラークラスになると各5球団とも年間約100打席対戦するわけだから、それらの結果を捕手の経験なり、蓄積とすればいい。

15 走者が二塁に進んだら、サイン変更

日本ハム打者としてソフトバンク投手と対戦していたので、移籍してもソフトバンク投手の持ち球を把握していたつもりだった。だが、いざバッテリーを組んでみると実はスライダーが2種類あったり、似たような落ち方でも別の球種（シンカーとスプリットのシュート回転）のことがあった。

情報が全然ない2軍投手は、1軍昇格した時点ですぐにでもサインの打ち合わせをしておかなくてはならない。本番で投げたい球種を引き出してあげられない場合も出てきてしまう。

走者が二塁に進んだとき、捕手のサインを見られてしまう。「サイン盗み」はアグリーメント（同意事項）で禁止されていて、テレビでも捕手のサインをカメラワークから外している。それでも、走者二塁ではサインを変えるのが、捕手の準備であり、警戒というものだ。

チーム内で球種のサインは、投手によってパターンが変わる。A投手には捕手が指で2発目に出したサインの球種だとか、B投手には捕手が体を何度か触るブロックサイン（「キー」を触ったあとが実行の球種）などである。

16 打者の「待ち方」を見て、理論的に球種を決める

試合ごとの「配球ノート」を私は書くタイプではなかったが、「この状況、この投手とこの

打者、このカウントでは、こういう待ち方をされるのか！」と、新たな発見があった場合はメモに記しておくようにした。例えば、こうだ。

・この打者はフォークを待つのか、スライダーを待つのか。
・スライダーを待っていて、スライダーを打てるのか。
・スライダーを打てないから、割り切ってストレートを待つのか。

捕手は打者の「待ち方」をかなり気にして見ている。それは打者がファウルを打ったタイミングや見逃し方で分かる。ほかにも、打者が本塁打を狙ってもいい場面なら、捕手は普通ならストレートを投げさせない。

・しかし、打者が変化球待ちなら、逆にストレートを見逃す。
・だが、ストレートを投げさせて本塁打されれば、試合は壊れる。
・ならば変化球でも、本塁打される確率が高いスライダーではなく、フォークにしよう。

こうして捕手は投げさせる球種を瞬時に絞り、サインの指を折り曲げるのである。

大差がついている状況では、〝餌〟を撒く。しかし、それは通常、勝っている試合だ。なぜなら、勝ちパターンで登板する投手は本塁打されても2軍落ちすることはめったにない。だが、負け試合では「テスト登板」を兼ねている「1軍当落線上」の投手が多く、餌撒きで本塁打されたら2軍落ちの憂《う》き目にあう。そこまで捕手は配慮してあげたい。

一方で、チームの勝利のためには非情にならなくてはいけないのかもしれない。1軍当落線上の投手でも容赦なく餌を撒くのは、大ベテランの捕手が多い。

17 「決め球」を使うか、使わないか

「決め球」で勝負するか、決め球を意識させておいて他の球種で打ち取るか、経験の浅い捕手は迷うところだと思う。

判断基準は「圧倒的か否か」だ。ストッパーで言えば、デニス・サファテ（ソフトバンクほか。通算234セーブ）の長身から投げ下ろす角度あるストレートは圧倒的だった。藤川球児さん（阪神。通算243セーブ）の〝火の玉ストレート〟も圧倒的だった。

一方、武田久さん（日本ハム。通算167セーブ）のシュートはエグかったが、（懇意にしていただいているのでご容赦願うと）失礼ながら圧倒的ではなかった。というより、サファテや藤川さんが特別であり、決め球はあるけれど、圧倒的ではない投手がほとんどなのだ。

圧倒的な決め球があるのに、別の球種を打たれたら後悔する。だから、別の球種を使うときは用心する。「絶対に外せよ」のゼスチャーを入れて、確実にボール球にするのだ。

私がソフトバンク時代の2017年、同点で登板したサファテにカーブを要求し、ステフェン・ロメロ（オリックスほか。通算96本塁打）にサヨナラ本塁打を浴びた。サファテはシーズン54セーブの日本記録を樹立した絶好調の年。被弾直後、「ホワイ、カーブ？（なぜカーブだったんだ？）」と、サファテとの信頼関係が崩れそうで、私自身後悔することしきりだった。

もちろん投手が「圧倒的なストレート」の持ち主でも、「圧倒的にストレートに強い打者」もいる。そのあたりは臨機応変な対応が必要だ。

18 数値化してトレーニング法に反映

大谷翔平も通った米シアトルのトレーニング施設「ドライブライン・ベースボール」。最新機器を使用した動作解析から、数値化されたデータを基にしてトレーニング方法に反映させる。データ活用は、現代野球と切り離せないものになっている。

打者の手元で小さく動かす変化球が有効で、そのために投手はどこの筋肉を鍛えるのかを考えるようになった。150キロ以上を投げる投手も多く出現している。それに対抗して、打者は打球角度26度から30度で、打球速度158キロ以上が本塁打や安打になりやすいという打撃技術「フライボール革命」を創出して克服した。

すなわち、投手と打者の〝イタチごっこ〟だ。投手サイドは「角度をつけた投球を低目」に投げるのではなく、今度は「回転数」「回転軸」「縦変化」などを利用して「高目ストレート」を投げるようになった。

そのようなMLBの流行が、NPBにも輸入された。「トラックマン」という計測機器が日本の球団でも2015年に初めて導入され、18年時点では11球団に浸透したと言われている。23年WBC前の宮崎合宿には同様の小型機器「ラプソード」を活用し、ダルビッシュが変化球を若手投手に伝授する姿が見られた。使用するだけで選手のパフォーマンスが向上するわけではなく、「データ」と「選手の感覚」の一致を促すものだ。

トレーニングやメカニック的な研究は投手のほうが先行している。また投手陣の分業制がさらに進み、球速150キロと多彩な変化球を持つ投手が1試合に何人も投げる。

セ・リーグには防御率1点台、DH制度で打者が1人多いパ・リーグにおいても防御率2点台の投手が名を連ねるのも、その顕著な現れだ。そんな理由で、両リーグとも3割打者はわずかの「超投高、打低」になっているのが現状なのだ。

19 メジャーの捕手がミットを極端に動かす理由

さらにメジャーリーグにおいては、トラックマンにより捕手の技術が数値化されて、プレーにも影響を及ぼしている。例えば、捕手の評価対象は「フレーミング7割」「ブロッキング1割」「スローイング1割」「タッグプレイ1割」という具合。

つまり、フレーミングが最重要視されている。際どいところをストライクに取ってもらったらプラス1点とか、ストライクをボールにジャッジされたらマイナス1点など。それもストライクゾーンを「何分割」とかではなく、「何ミリ」というレベルの繊細さだ。

1試合約135球からフェアやファウルの投球を除いても、かなりの球数になる。そのデータが1試合ごと集計され、1シーズン蓄積される。

「A捕手は何点」「B捕手は何点」というチームへの貢献度が、その捕手にとっての評価になる。だから、ひと昔前は捕手がミットを動かすことを球審がかたくなに嫌ったメジャーにおいて、あんなに極端に大きく動かしても黙認しているのだ。

私の現役時代は「あの捕手はキャッチングが巧いよね」という抽象的なアナログ表現でしかなかったが、現在はすべてがシビアなデジタルに数値化される。

球審サイドからすれば「動かしても動かさなくても判定は変わらないから、動かすな」と言う人もいる。ただ、捕手サイドからすれば「球審を欺《あざむ》こうとしているわけではない。それどころか大前提として球審を信頼している（し、トラックマンの査定がある）ので動かしますよ」というのが捕手の偽らざる心境であり、状況なのだろう。

20 「体」ではなく「ミットで止める」ブロッキング

ジェイソン・スタンリッジ（ソフトバンクほか。通算75勝）が投げたスライダーのワンバウンドを止めようとして、私は右手親指を骨折。２０１５年の出場は１軍定着後最少の56試合にとどまった苦い経験がある。絶対骨折しないような右手の入れ方をするべきで、焦っても地面に右手親指を着いて投球を止めてはならない。

かつては「ワンバウンドを片手捕球にいくな」と言われた。しかし、現在の投手は球速１４０キロ超のスプリットやカットボールを投げたり、本塁ベース約43センチを横切るようなスイーパー（大きなスライダー）を投げる。

私の現役時代のカットボールやスライダーは球速１３０キロ前後だった。現在は、どうしてもボディストップのブロッキングでは遅れるので、ミットをはめてのハンドリングで捕球、ワンバウンドをストップしないといけないときが多い。

21 捕手の仕事の優先度トップは「キャッチング」

捕手の仕事の要素は「リード」「キャッチング」「ブロッキング」「スローイング」「バッティング」の5つ。中でも、私はフレーミングを含めた「キャッチング」が最も大事だと思う。やはり試合に勝てていない捕手は、ノーバウンドにせよワンバウンドにせよ、投球をポロポロとこぼしている。捕手がそういうところで目立ってはいけない。

だから次は「ブロッキング」だ。ブロッキングは投手との信頼関係につながり、リードも変わってくる。例えば9回2死三塁のサヨナラの場面でストレートに強い打者に、投手はフォークボールのワンバウンドを本塁ベースに叩きつけて空振り三振を取りたい。

だが、その捕手が後逸するシーンが投手の脳裏に焼きついていた場合、「この捕手のブロッキングは大丈夫かな」と躊躇《ちゅうちょ》し、フォークが高目に浮いてしまう。それ以前にフォークのサインに首を振り、ストレートを投げてサヨナラ打を浴びるかもしれない。

そう考えると「ブロッキング」のほうが「(二塁盗塁阻止の)スローイング」より優先順位は先にくるのだと考える。(編集部注/鶴岡は、日本ハム・ダルビッシュの切れ味鋭いスライダーのワンバウンドや、ソフトバンク・千賀滉大の落差の大きな〝お化けフォーク〟のワンバウンドを止めてきた。）

3番目が「スローイング」。繰り返しになるが、甲斐拓也（ソフトバンク）は、〝甲斐キャノン〟のスローイング以上に、ブロッキングが上手いと思う。そして「スローイングがいい」というのは、「地肩が強い」ということではなく、「二塁盗塁を刺す技術」に優れているということだ。

「リード」はそのあと。私は「投手に気持ちよく、最大限に生きた球を投げてもらいたい」タイプの捕手だった（編集部注／ダルビッシュいわく「僕が受けてもらった中で1番投げやすいのが鶴岡さんです」）。だから優先順位は「投手の長所を引き出すリード」、次に「打者の弱点を突くリード」、3番目に「状況によるリード」、そして最後は「自分の感性のリード」だった。

だが、その優先順位はどの捕手も基本的に変わらないのではないだろうか。

22 「ブロック」は、今は昔。現在は「タッグ」

本塁上で捕手と走者の衝突を禁じる「コリジョン・ルール」ができたのは2016年からだ。

ベニー・アグバヤニ（ロッテ。183センチ100キロ）の激突は、強烈で実にエグかった（鶴岡175センチ78キロ）。

一方で、走者の本塁突入を封じる「捕手のブロック」で失点を何点も防ぐことができた。現在の捕手は幸運な半面、不運でもある。周東佑京（ソフトバンク。20年、23年、24年盗塁王）、和田康士朗（ロッテ。21年盗塁王）、五十幡亮汰（日本ハム。24年18盗塁）クラスの俊足走者だと、内野ゴロのバックホームがストライク送球でなく、少しそれたらほぼセーフだ。そういう小兵の俊足選手こそ、強固な左足ブロックで失点を防げたのである。

そう考えると、野球の変遷に伴い、ひと昔前と現在は捕手に求められるスキルが大きく変わってきた。現在は「ブロック技術」ではなく、「タッグ（触球）技術」が重要視される。つまり、野手からのバックホームを待つポジショニング、捕球してミットをはめた片手でのタッグだ。

23 バックホーム送球を待つ「ポジショニング」

コリジョン・ルールができた当初は「本塁ベースの前方に立ってバックホームの送球を待て」と言われたが、前に立つと走者に回り込まれてセーフになってしまうことが多かった。プロの審判員に聞くと、「本塁ベースの一角を空けていればいい」らしく、最近は本塁ベースの後方に立つ捕手が増えている。

「本塁ベースの前方に立って、捕球して追いタッグにいく」。「本塁ベースの後方に立って、野手の送球のスピードを利用して、捕球してそのままミットを下げてタッグする」。後者のほうが絶対早い。

そのお手本のようなシーンがあった。ライト・万波中正（日本ハム）が、三塁を回った周東をワンバウンド送球で刺した（2024年7月14日、エスコンフィールドHOKKAIDO）。万波の〝強肩発動〟も素晴らしかったが、捕手・伏見寅威のポジショニングとタッグも絶妙ドンピシャだった。

（編集部注／ただし、高校生はレベルによって、バックホームの送球のコントロールがままならない。遅れたワンバウンド送球が本塁に突入した走者に当たり、球が転々とする間に、後位の走者までもが得点する場合がある。捕手が本塁ベースの前方に立つほうがいい場合があるので、注意が必要だ）

24 「3番手捕手」は、捕手以外の専門性を持て

私が在籍した日本ハムもソフトバンクも「捕手併用策」のチームだったので、私は現役19年間で規定打席に到達したことは1度もない。だが、リーグ優勝は日本ハムで4度、ソフトバン

クで3度経験した。

私は「捕手複数制」は絶対に必要だと考える。捕手は「立ち座り」の運動量も、「捕球」の守備機会も多い。肉体的にはもちろん、精神的にも疲労が蓄積するので、できるだけフレッシュな状態で試合に臨んだほうがいい。昨今はレギュラー捕手に休養を与える意味を含めて、1週間6連戦にずっとマスクをかぶり続ける捕手は稀有な存在になった。

2023年に12球団で規定打席に到達したのはセ・リーグで大城卓三（巨人）、坂倉将吾（広島）、パ・リーグが森友哉（オリックス）の3人だった。24年のセ・リーグはなしで、パ・リーグが佐藤都志也（ロッテ）と森の2人。その2年で延べ5人にしても岸田行倫（巨人）、会澤翼（広島）、若月健矢（オリックス）、田村龍弘（ロッテ）らと併用である。

かつては正捕手に代打を出して、2番手捕手がケガをした場合に「3番手捕手」という位置づけで「1軍捕手3人制」だった。2番手までは絶対に捕手専門を置かないといけないが、最近の3番手捕手は、何かの役割に秀でた捕手を置くことによって、チーム全体の選手層が厚くなっている。

例えば郡司裕也（中日→日本ハム）は内外野守れるし、内山壮真（ヤクルト）は類まれな打撃を生かして外野でスタメン出場することもある。谷川原健太（ソフトバンク）は俊足。「好捕手あるところに覇権あり」の野球界のフレーズ通り、「守って、打って、走って」、捕手の分業制による活躍が、勝利をたぐり寄せる。

併用に関してさらに言えば、長いシーズンの中でどうしてもチームが勝てない時期が出てくる。そんな手詰まりの状況のとき、メイン捕手以外とバッテリーを組ませることによって、「あ、こういうリードもあるよな」という相乗効果を呼ぶことがある。

年齢が近い捕手で固めるよりもベテラン、中堅、若手のバランスを取ったほうがいい。13年の日本ハムは中嶋聡さん（1969年生まれ）、私（81年生まれ＝32歳）、近藤健介（93年生まれ。現・ソフトバンク）と、ちょうどひとまわりずつ離れていた。

25 ダルビッシュの「打者を打ち取る嗅覚《きゅうかく》」

印象深い好投手を挙げる。NO・1はダルビッシュ有だ。「変化球は11種類ある。セットポジションから捕手のミットに収まるまで変化球は1つのアート（芸術）だ」との発言は、けだし名言ではないか。変化球に対するこだわり、飽くなき向上心は特別なものがあった。

本人はみずからを「変化球投手」と評していた。しかし、捕手の目から見れば「1番」はやはりストレートだ。196センチの長身から放たれる150キロ超のストレート。今でこそ球速150キロ投手は何人も存在するが、2000年代初頭はそんなにいなかった。フォーシームのきれいな回転でホップするようなストレートを今でも鮮明に覚えている。

他方、09年11月1日の日本シリーズ対巨人第2戦。左臀部《でんぶ》痛に苦しみ、キャッチボールのような投球。ふだんは多投しない100キロ台のスローカーブを有効に使い、6回7奪三振2失点で切り抜けて勝利投手。お立ち台のヒーローインタビューで「一世一代の投球ができた」と、珍しく自画自賛した。のちに右手人差し指の疲労骨折も判明。無理をして、あの試合で折ったのだろう。「投げることへの執念」「打者を打ち取る嗅覚の鋭さ」を感じた。

当時の日本ハムは、06年、07年、09年と優勝。ダルビッシュは「次の試合のことを考えて内角球を多めに投げた」と言ったことがある。ペナントレースでは本格派・右腕の彼が3連戦の初戦で右打者の内角をツーシームでえぐる。その軌道の残像が消えやらぬうちに、第2戦で技巧派・左腕の武田勝さんが右打者の外角にチェンジアップを落とす。ストレートのスピード差は150キロと130キロで20キロあって、相手打者はついていけず、幻惑された。

ダルビッシュは5年連続防御率1点台、日本球界では「無双」状態で、メジャーリーグに移籍。24年に日米通算200勝を達成した。

現在も親交は続き、ときにアリゾナの自宅に招待される。自宅のトレーニング機器、食事を見ると野球に注力していることが一目瞭然だ。昔からどんな好成績を残そうと現状維持では満足せず、「もっといい変化球が投げられるんじゃないか」という貪欲《どんよく》な姿勢がある。この「探求心」こそが彼の最大の「武器」だと思う。

26 「対照的な軌道」のストッパー・武田久とサファテ

武田久さん(日本ハム。通算167セーブ107ホールド)は、私と同じ2002年にドラフト4巡でプロ入り。公称170センチの小柄な体、広いステップ幅、ヒザが地面に着くほどの低い体勢から「浮き上がる」ようなストレート「ライジングボール」を投じた。

さらにシュート。最近言われるツーシームは少し下に垂れる変化だが、(武田)久さんのシュートは真横に滑って右打者の内角に食い込んだ。06年、清原和博さん(当時オリックス。通算525本塁打)が打席に立って「何だ、今の球は!?」と驚嘆の声を上げた。プロ野球最多の通算196個と死球を恐れない清原さんが驚いたぐらい威力満点だった。

セ・パ交流戦で久さんとバッテリーを組んでアレックス・ラミレス(当時・巨人。通算2017安打)を見逃し三振に取ったのは、会心のリードだった。ラミレスが「捕手のリード」を読んで打つのは有名だ。久さんのシュート、カットボール、スライダーでいろいろな駆け引きをして、最後は「ライジングボール」で仕留めた。久さんは史上わずか8人しかいない「通算100セーブ100ホールド」を達成している。

デニス・サファテ（当時・ソフトバンク。通算234セーブ）は同い年（1981年生まれ）で、14年にチームメイトとなった。久さんと対照的に193センチの長身から最速159キロのストレートを「投げ下ろす」ので、角度があってミートポイントの接点が少ない。打者はストレートと分かっていても空振りする。「ストレートは受けてきた中でNO・1」と感じた。

フォークとカーブも持っていたが、クレバーな彼は鋭角なストレートが日本の打者に有効だと自覚していた。17年のシーズン54セーブはいまだ破られぬ日本記録（セ・リーグ記録は05年中日・岩瀬仁紀と07年阪神・藤川球児の46セーブ）。日本の「名球会」入り条件の通算250セーブまで残り16だったのはいかにも残念だ。

27 「THEセ・リーグ」の代表、大瀬良と森下

バッテリーを組んでみたいのは「絶妙なコントロール」を持つ投手だ。

加藤貴之（日本ハム。通算58勝）はかつてバッテリーを組んだことがある。9イニング平均与四球率が2022年は0・67個、23年は0・88個、24年は0・92個。「2・00個以内なら抜

群のコントロール」と言われ、あの上原浩治さん（巨人）でも、1・20個だった。つまり、プロ野球史上最高のコントロールの持ち主と言っても過言ではない。観戦していて加藤の与四球を見たら、別の意味で〝稀少価値〟がある。

広島の大瀬良大地（通算87勝）や森下暢仁（通算47勝）が、変化球を巧みにコントロールしてストライクを稼ぐ。左打者の外角ボール球からストライクゾーンに入る「バックドア」のスライダー。そうかと思えば左打者の内角ボール球からストライクゾーンに入る「フロントドア」のツーシームを駆使している。2つを自在に操るのは、メジャーリーグで活躍した広島OBの黒田博樹さん（15年～16年復帰。日米通算203勝）の〝遺産〟なのだろう。

いずれにせよ、絶妙なコントロールで打者を翻弄する「THEセ・リーグ」のような投手。捕手・会澤翼は、投球を受けていて、とても楽しそうだ。私は日本ハム、ソフトバンクとパ・リーグのチームだったので、セ・リーグ投手を受けてみたいものだ。

自分が打者として対戦した中で印象深い投手が斉藤和巳さん（ソフトバンク。通算79勝）。06年プレーオフ第2ステージ（現・クライマックスシリーズのファイナルステージ）第2戦、日本ハムは9回稲葉篤紀さんの安打でサヨナラ勝ちを決めた。

だが、日本シリーズ進出を狙う日本ハムの前に立ちはだかった鬼気迫る投球はまぶたに焼きついている。私がソフトバンク移籍時はもう現役引退して、残念ながらバッテリーは組めなかった。

28

「天才打者」中村剛也、内川

リードをするにあたり、打者のタイプで言えばホームラン打者が嫌だ。リードミスをしたら本塁打される。〝おかわり君〟（中村剛也＝西武）には「割り切り」がある。本塁打を打っても、三振しても、安打を打ってもスイングがすべて同じ。つまり、変化球でも決して合わせてこない打者は怖い（2024年現在＝史上最多の通算2121三振を喫する一方、史上10位の通算478本塁打）。私も本塁打をかなり献上している。

彼の「飛ばす極意」は、「ボールの半分より下を打つ」。「外角の球は、（インサイドアウトではなく）ミートの前にバットのヘッドを走らせるイメージでボールの外側を叩くと、打球がまっすぐ飛んで飛距離が伸びる」。「力を入れないでスイングし、スピードが出たポイントで打つ」。3つの趣旨のことを言っていた（森本稀哲のYouTube参照）。

〝おかわり君〟（中村）が、本塁打を打つ天才なら、〝ウッチー〟（内川聖一。通算2186安打）は安打を打つ天才だ。私の1歳下が内川、そのまた1歳下が中村。私を含めて3人とも同じイースタン・リーグで育ち、若いときから20年近く対戦してきた。

内川は、08年横浜時代に右打者最高打率・378をマークし、11年にソフトバンクに移籍して両リーグ首位打者。私が日本ハム時代は敵として3年間戦い、ソフトバンク時代は味方として4年間同じ釜の飯を食った。

「右打ち」は芸術的だ。走者一塁で、厳しい内角球でも、ボールくさい外角球でも確実に一・二塁間を破って、はかったようにライト前に持っていく。チャンスメーカーにも、つなぎ役にも、ポイントゲッターにもなれるスラッガーだった。

彼の打撃理論は物凄くシンプルで、左足をステップする始動を早くてして、バットを投球に最短距離で出す。「安打を打つために一生懸命打撃を作ってきたが、ここ最近の野球は本塁打を打つための打撃をしながら、安打を打つことに変化している。その変化に対応しきれなくなった」。引退の理由をそう語ったのが印象的だった。

29 三冠王・村上を自信喪失させた大谷翔平

プロ1年目の2013年の大谷翔平（日本ハム）は、投手で13試合3勝0敗、防御率4・23の成績。私は（大谷）翔平の「プロ初登板・捕手」「プロ初勝利・捕手」を務めた。変化球はカーブ、スライダー、フォークボールを持っていた。ちなみにダルビッシュの1年目は14試合で5勝5敗、防御率3・53だ。ダルビッシュのほうが完成度は断然高かった。

翔平のプロ1年目の13年の打撃成績は、77試合45安打、打率・238、3本塁打、20打点。投手としてはまだ粗削りだったが、打撃は「すでに完成品」と言っても過言ではなかった。

新人時代の翔平に私は1度聞いたことがある。「翔平、投げるほうと打つほう、実際どっちが好きなの?」。翔平いわく「自信があるのは打者ですが、楽しいのは投手です」。

翔平の打者としての1番の凄さは、反対方向への本塁打が多いことだった。逆方向を意識するということは、投球をギリギリまで引きつけて見極められる分、安打が打てて打率は上がる。さらに四球を選べる。

以後、体のサイズアップとともにパワーアップし、打撃はレベルアップ、海を渡った。23年WBC1次ラウンドのとき、ブルペン捕手を務めた私はコンちゃん（近藤健介。日本ハム→ソフトバンク）とムネ（村上宗隆。ヤクルト）に呼ばれた。

「ツル（鶴岡）さん、プロ5年目って、翔平よりムネのほうが凄かったですよね?」

「どういうこと?」

「ムネが翔平の打撃練習を見ていて、凄すぎてショックだったんですって」

翔平のプロ5年目は故障もあったので、4年目16年MVP時の打撃成績を挙げてみる。
・大谷16年＝104試合104安打、打率・322、22本塁打、67打点（投手で10勝）
・村上22年＝141試合155安打、打率・318、56本塁打、134打点（三冠王）
近藤と私が2人で、まるで村上を励ますような雰囲気だった。
「ムネは三冠王なんだから、ムネのほうが凄かったんだよ」（近藤、鶴岡）
「でも、もっと上をめざさなきゃいけないんですね」（村上）
それが1次ラウンドの村上の不調と関係しているのかは定かではない。しかし、WBC準決勝メキシコ戦のサヨナラ打、決勝アメリカ戦の本塁打と、最高の形で村上は復活を遂げた。

30 大谷の「ブロークン・バット・ホームラン」

（大谷）翔平のプロ4年目の2016年、ソフトバンクに移籍していた私は12勝を挙げた千賀滉大とバッテリーを組んだ。外角ストレートのいい球で、翔平のバットが折れた音が聞こえて、「打ち取った」と思いきや、打球はレフトスタンドに飛び込んだ。「えっ？」と私と千賀は顔を見合わせた。いわゆる〝ブローク ン・バット・ホームラン〟だ。

内角球を長い腕をたたんでうまく引っ張るし、内角でも甘い球は反対方向に流し打ちの本塁打を打てる。スイングスピードが速い分、引きつけて打てるので、落ちる球もバットに引っ掛けて長打にできる。来た球をそのまま打てるのはもちろん、配球を読んで打てるクレバーさもあって、攻めようがない。塁が詰まっていても四球で歩かせたいほどで、もう手がつけられないと痛感した。その16年の翔平は22本塁打を放ち、打率・322。投手（10勝）と野手で「ベストナイン」を重複受賞できるように、1940年から77年間続いた日本プロ野球のベストナイン表彰のルールを変更させてしまった。

メジャー移籍後の22年には、先発投手がDHを兼任でき、降板後もDHとして出場できる「大谷ルール」を採用させた。翔平の「何が凄いか」と言えば、二刀流や「23年日本人初のMLB本塁打王」は確かに凄いが、歴史と権威を誇るメジャーリーグのルールも変えてしまったこと。

さらには24年の翔平は「50本塁打＆50盗塁」の大記録を樹立。メジャーの投手はクイックモーションが甘いとか、ベースが日本より3インチ大きい（一塁と二塁で計15センチ）とか、投手の牽制が3度しかできないと言われるが、捕手は強肩だ。MLB史上初の偉業なのだから、素直に凄いことだと思う。そんな翔平と、味方捕手として相手捕手として、同じ時空で一緒にプレーできた。幸せなことだ。

ストライク
ゾーン
分割表

鶴岡慎也

4分割、計16エリアでリードする

5	6	7	8
16	1	2	9
15	3	4	10
14	13	12	11

投手方向から見た図

鶴岡慎也の仮想リード

右本格派投手 VS 右1番打者

1回表、安打を打たれてもいい前提。だが、ストレートを詰まらせて内野ゴロ。

1球目 ＝ 外角ベルト付近ストレートは、ファウル …………………………… 0B－1S
（初球、差し込ませてファウルを取り、狙い球を洞察する）

2球目 ＝ 内角ベルト付近ストレートは、見せ球ボール……………………… 1B－1S
（ストレートを意識づけさせて、打者はポイントを少し前に置く）
（1B-1Sなら打者は振ってくる。変化球を投げさせる）

3球目 ＝ 外角低目スライダーは、見逃しストライク ……………………… 1B－2S
（スライダーを見逃したので、打者はストレート待ちだと判断）

4球目 ＝ 外角低目スライダーは、ボール球要求……………………………… 2B－2S

5球目 ＝ 外角低目ストレートは、詰まらせて内野ゴロ

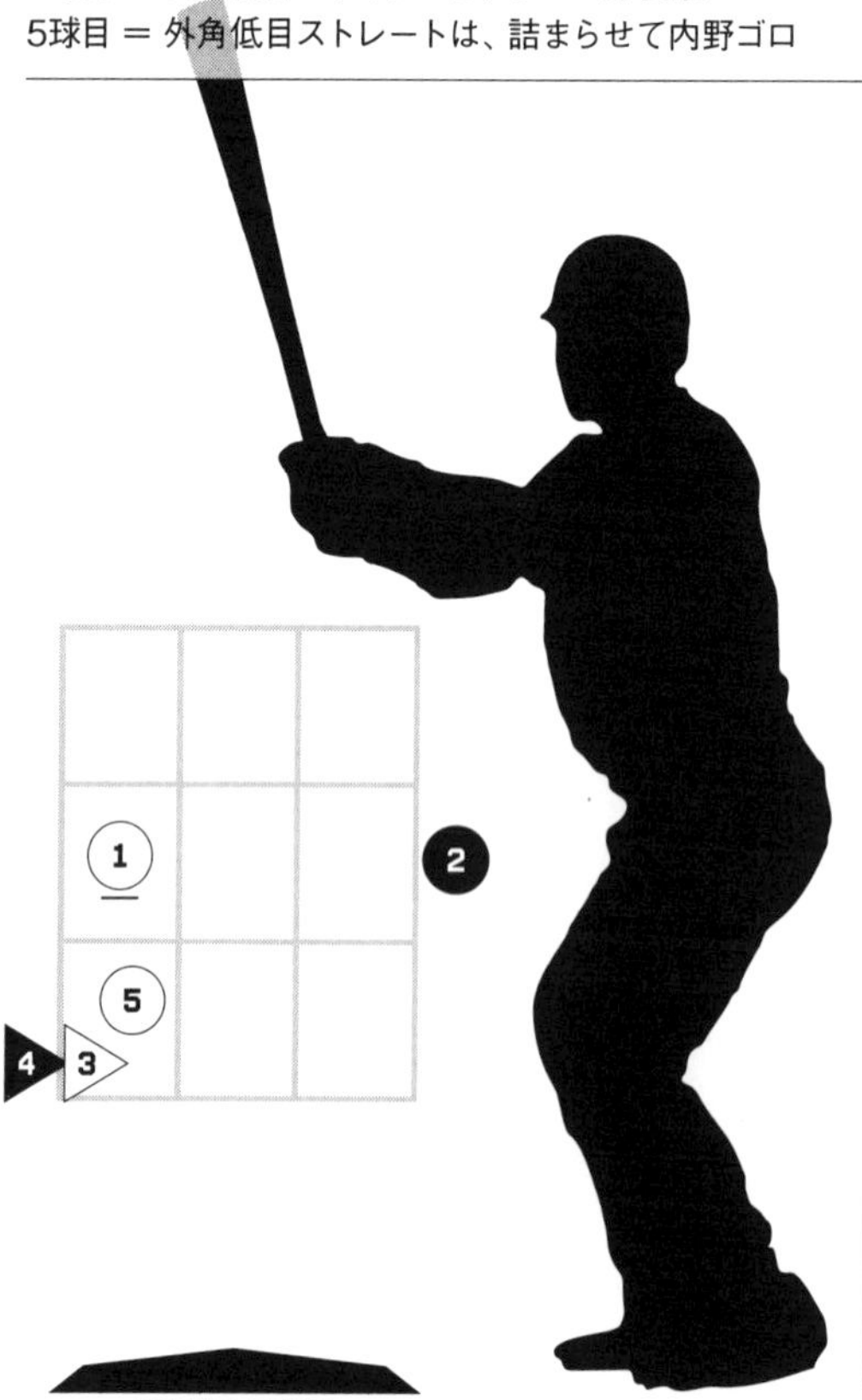

投手方向から見た図

球種の凡例

- ○ ストレート 144～150km/h
- ◁ シュート 135～140km/h
- ⬭ カット 135～140km/h
- ▽ フォーク 130～135km/h
- ▷ スライダー 128～135km/h
- □ チェンジアップ 120～125km/h
- △ カーブ 115～120km/h

配球図の見方

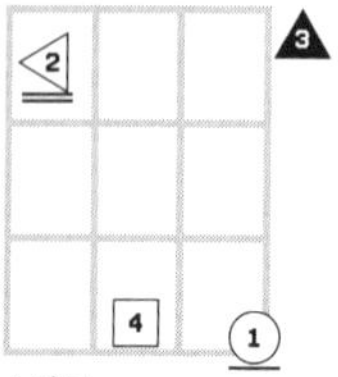

1球目
ストレート／ファウル
（線1本）

2球目
シュート／空振り
（線2本）

3球目
カーブ／ボール（白抜き）

4球目
チェンジアップ／見逃し

左技巧派投手 VS 右ホームラン打者

日本ハム・加藤貴之VSソフトバンク・山川穂高を想像したら面白い。

1球目 ＝ 外角低目スライダーは、見逃しストライク …………………………… 0B－1S
（難しい初球をフルスイングして凡打だと後悔するので見逃す）

2球目 ＝ 内角ベルト付近ストレートは、ボール球要求……………………… 1B－1S
（打者はクロスファイヤー内角を意識する）

3球目 ＝ 外角ベルト付近チェンジアップは、見逃しストライク ………… 1B－2S

4球目 ＝ 外角ベルト付近チェンジアップは、ボール ………………………… 2B－2S

5球目 ＝ 内角ボール球スライダーは、ファウル ……………………………… 2B－2S

6球目 ＝ 5球目が引っ張りのファウルなら、6球目は真ん中低目にチェンジアップかフォーク
5球目が押っ付けたファウルなら
6球目は内角低目ストレート

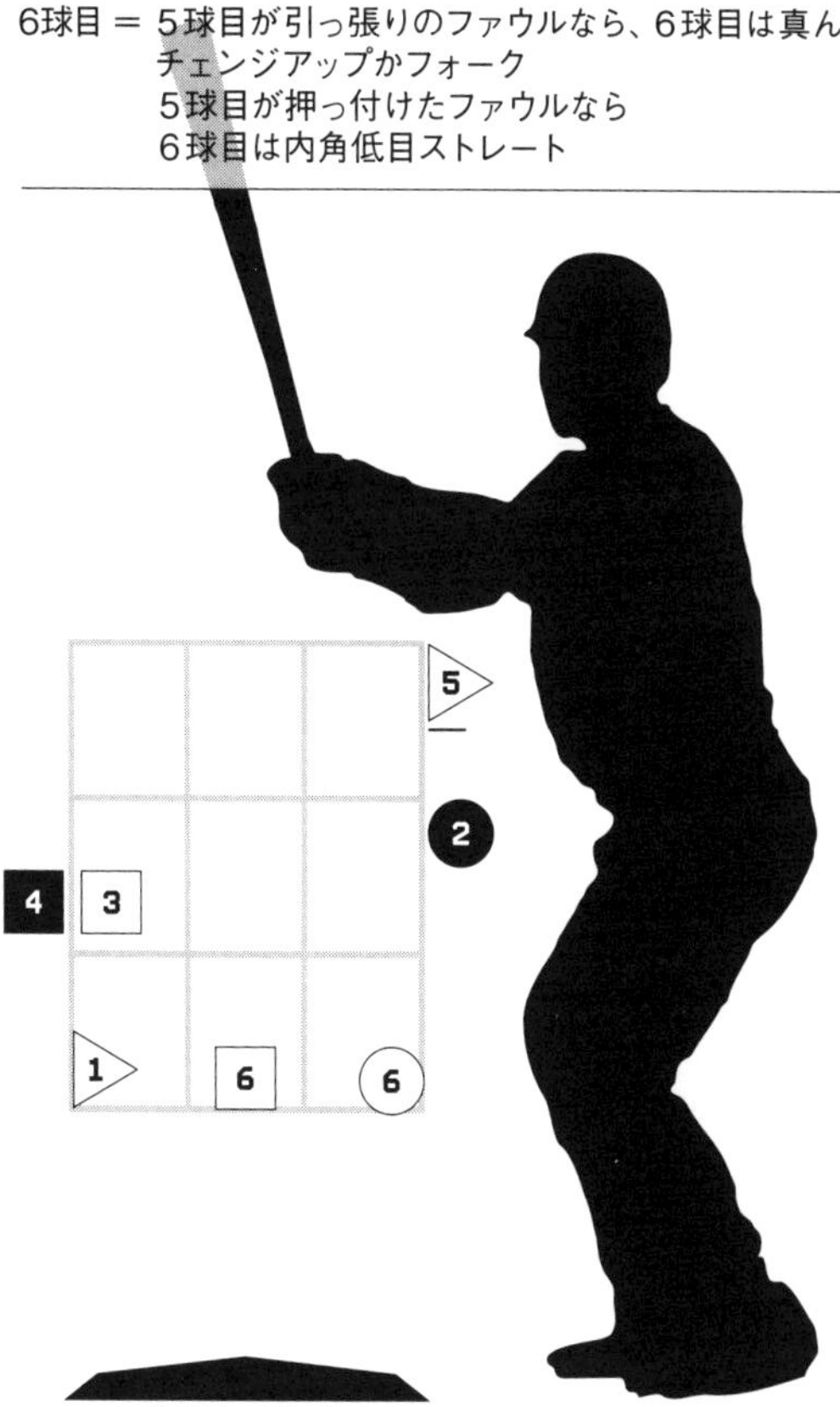

投手方向から見た図

球種の凡例

○	ストレート 144～150km/h
◁	シュート 135～140km/h
⬭	カット 135～140km/h
▽	フォーク 130～135km/h
▷	スライダー 128～135km/h
□	チェンジアップ 120～125km/h
△	カーブ 115～120km/h

配球図の見方

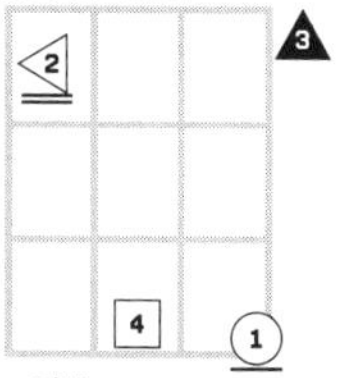

1球目
ストレート／ファウル
（線1本）

2球目
シュート／空振り
（線2本）

3球目
カーブ／ボール（白抜き）

4球目
チェンジアップ／見逃し

捕手の構え

「構えは3パターン、人差し指は3時」

パターン2

オーソドックス（走者がいるとき）。

パターン3

左ヒザを立てて、右ヒザを着く（低い投球にもノーバウンドで手が届く）。メジャーでは有走者時でもこの構えの捕手も多い。

パターン1

左ヒザを着く（走者がいないとき）。

上の写真からミットを外すと下の写真のようなイメージになる。

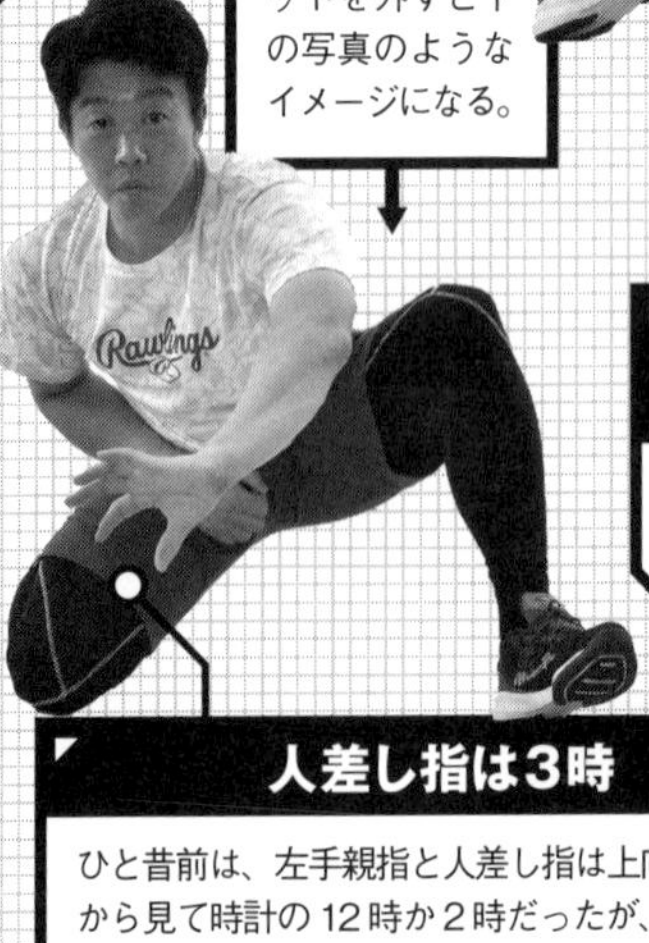

左脇はフリーに

左脇は空いた「フリー」の状態。

人差し指は3時

ひと昔前は、左手親指と人差し指は上向き。自分から見て時計の12時か2時だったが、現在は親指と人差し指は下向きの3時か4時。球威に押されてもミットが流れない（パターン1、2、3とも）。

ミットの位置

投手が投球モーションに入るとき、ミットを1度下げる。

「親指と人差し指を〝強調〟の捕球」

投球軌道を把握してミットを出す

各投手の投球の軌道を把握していれば、ミットの出し方をイメージでき、ミットは止まる（各投手のストレート、変化球をブルペンで受けて軌道を記憶しておく）。

動から動のイメージ

本塁ベースの「ボールゾーン」から「ストライクゾーン」にミットを持っていくイメージ。言ってみれば「動」から「動」だ。ミットを動かしながら捕っても球審を欺いてはいないし、勢いが内側に向くので、ミットが流れない。

内角低目の捕り方

このコースは難しい。特に左投手のスライダーは逆シングルでないと、「ボール！」とコールされやすい。ミットを本塁ベース外側→内側へのイメージ。

外角低目の捕り方

内角低目に比べると捕りやすい。ミットを本塁ベース外側→内側へのイメージ。

高目の捕り方

ボールゾーンから「ストライクゾーン高目」に下げるイメージ。

低目の捕り方

ボールゾーンから「ストライクゾーン低目」へ上げるイメージ。

ミットを「仰向け」に使うと「ボール！」とコールされるので、ミットを「うつ伏せ」で捕球し、そのまま引き上げるイメージだ。

ミットが流れるとボールになる

最もよくないのは、「ストライクゾーン内側」から「ボールゾーン」にミットが流れること。本当はストライクなのに、ボール球にしてしまうことだ。

親指と人差し指を強化する練習法

どんな投球に対しても親指と人差し指を〝強調〟する意識で捕球すればミットは流れない。

【練習してみよう】小指と薬指と中指の3本であらかじめボールを持ち、前方からトスしてもらったボールを残った親指と人差し指の2本で捕る練習が効果的。

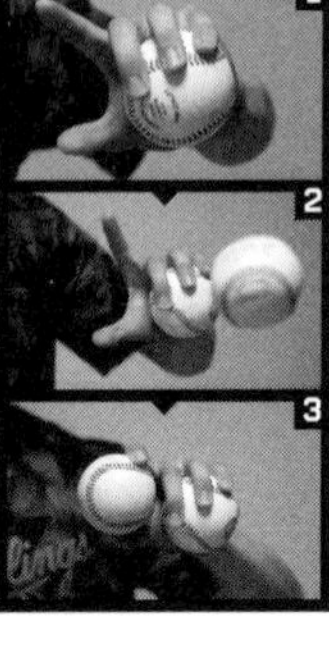

ブロッキング

「つま先発進フットワーク」

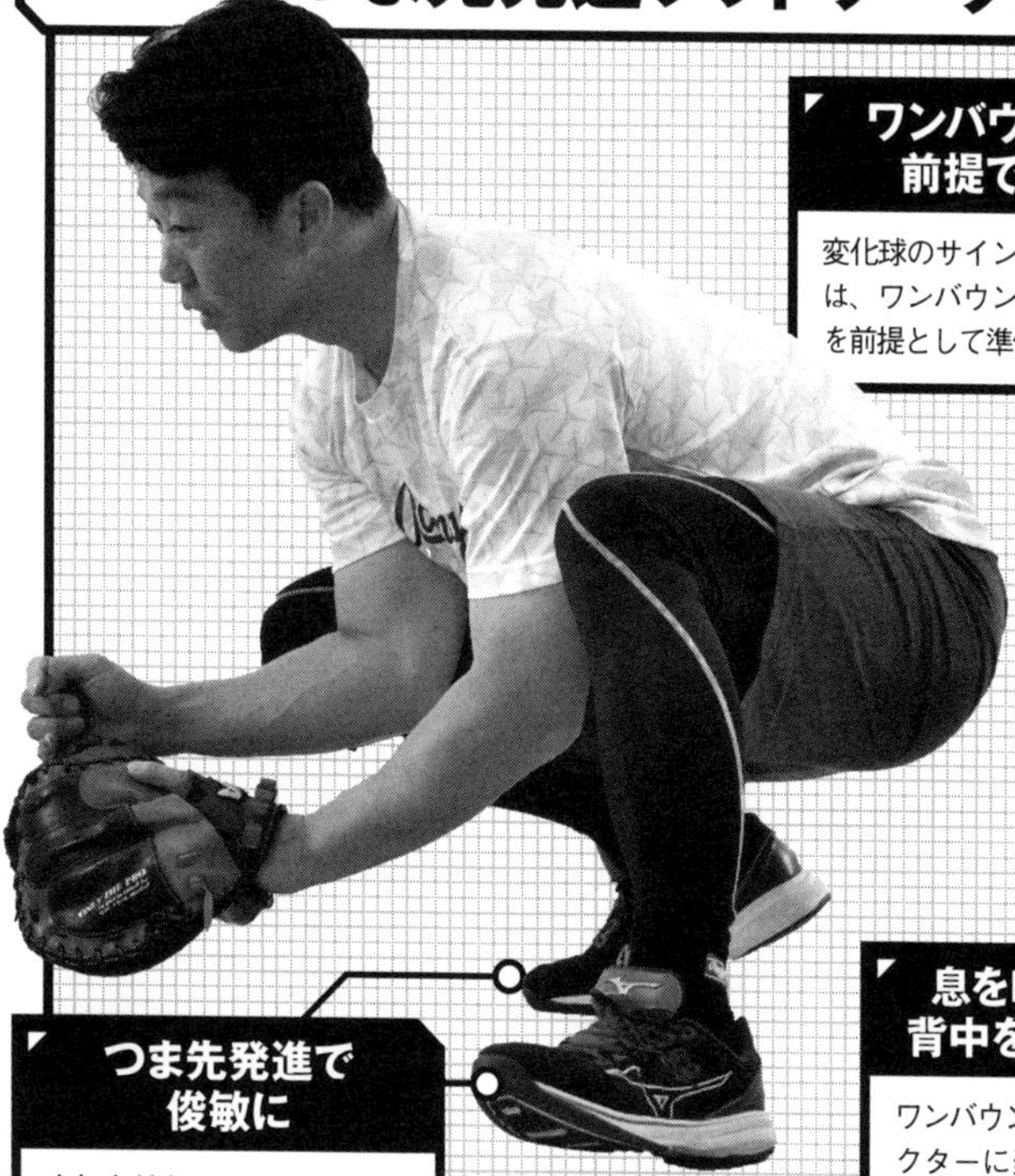

ワンバウンドを前提で準備

変化球のサインを出したときは、ワンバウンドがくることを前提として準備する。

つま先発進で俊敏に

右打者外角ワンバウンドには「右足つま先発進」、内角ワンバウンド（左投手スライダー）には「左足つま先発進」。フットワークの予備動作で、ワンバウンド正面に回り込むボディストップの準備。投球がストライクゾーンにきたら、そのまま捕球すればいい。

息を吐いて背中を丸める

ワンバウンドがプロテクターに当たる瞬間、息を吐くと背中が丸まって、前に落ちる。

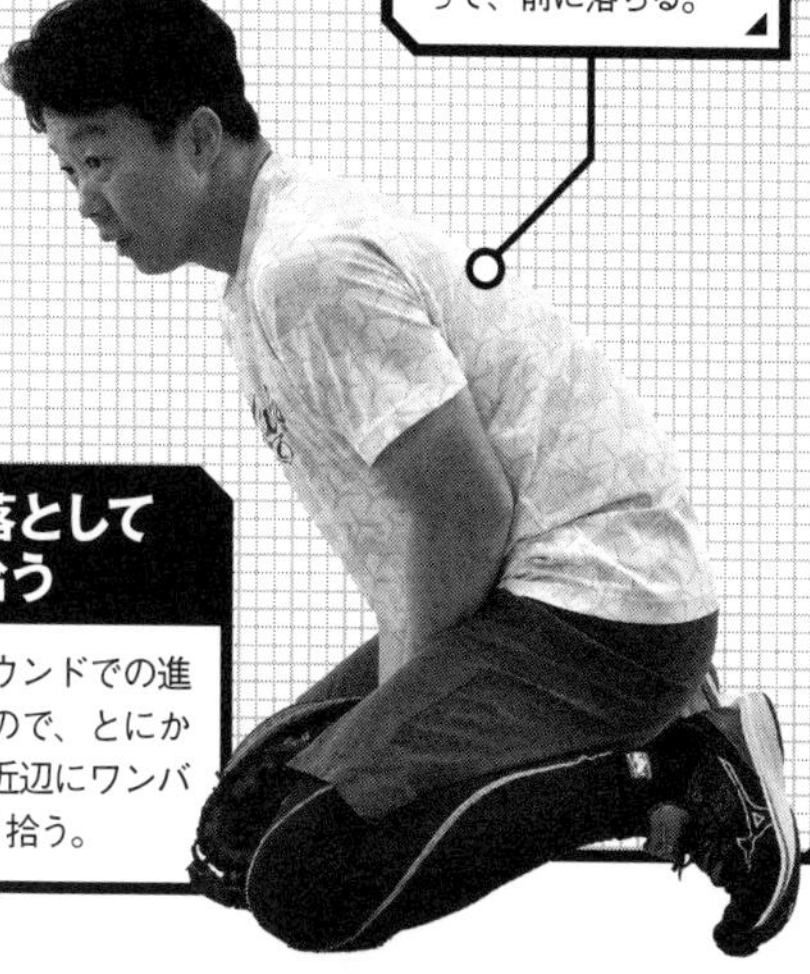

自分の前に落としてすぐに拾う

最近の走者はワンバウンドでの進塁を全球狙っているので、とにかく捕手は自分の前、近辺にワンバウンドを落として早く拾う。

走者三塁のときはボディストップ優先

フレーミングとブロッキングは相性が悪い。フレーミングをしようと思ったら、当然ブロッキングが疎かになる。「捕るか、止めるか」の判断基準は難しいが、走者三塁のときはフレーミングより、当然ボディストップを優先させる。

ブロッキングの瞬間的な順番

足より手の方が器用に動くので、まずはミットを地面にすぐ着ける。そこに両ヒザが続いていく。両サイドのワンバウンドには足が遅れるので、まずミットでワンバウンドを弾いて止める。

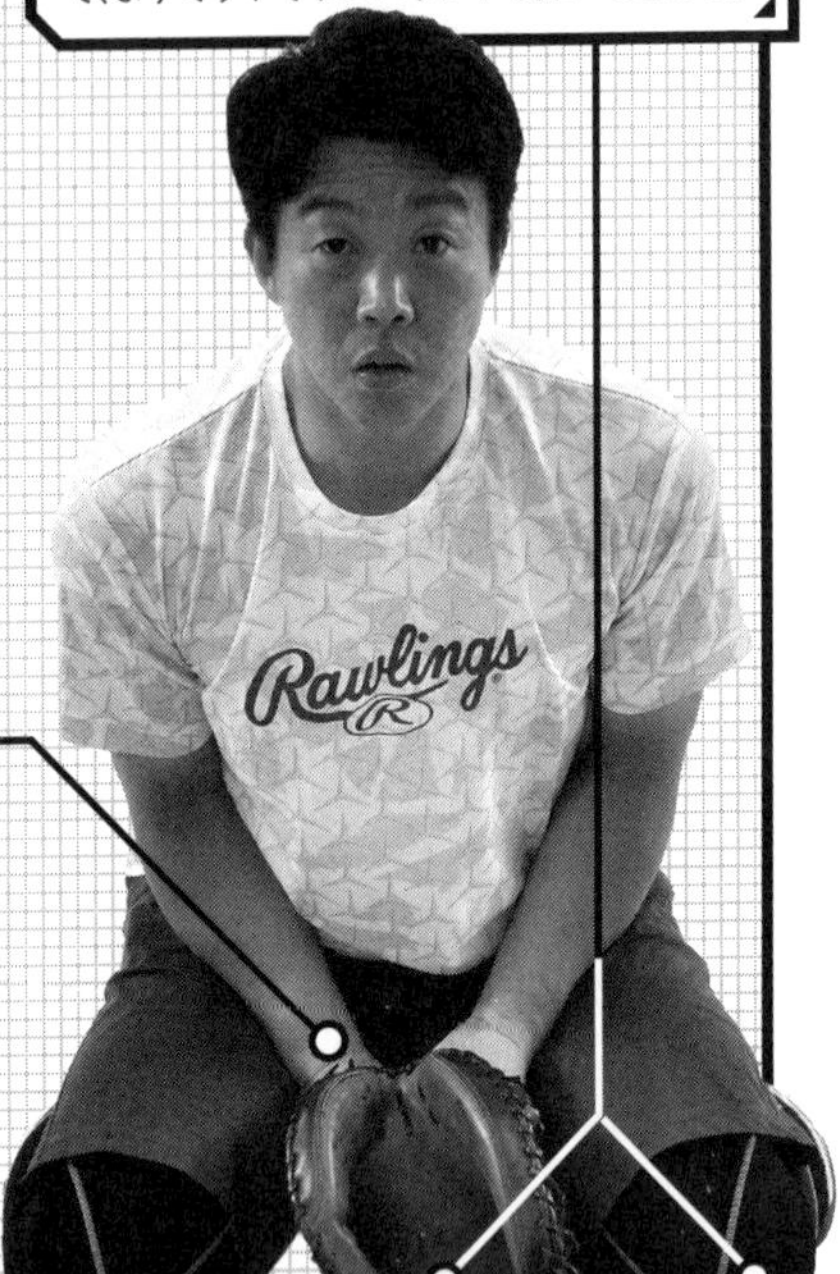

右手を隠す

右手は骨折防止のため、ミットの後ろ側に絶対入れる。捕手の本能で右手を出してワンバウンドを止めようとしてしまうが、当たった瞬間は右手を開かないと親指骨折の危険性が高まる。

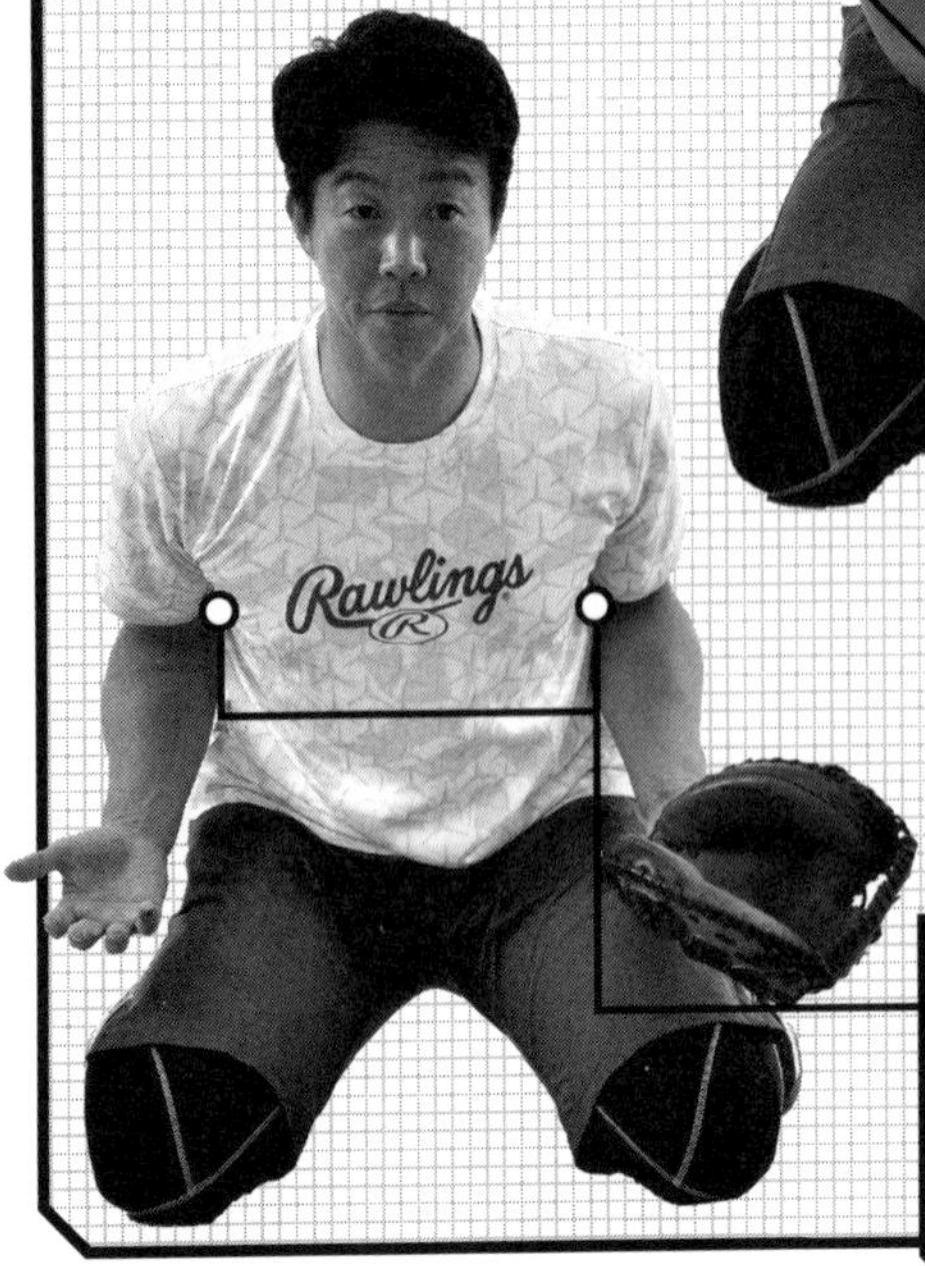

ミットを下から使う

ワンバウンドに対してでも、「体を球の下に入れ込むイメージ」で、ミットを下から使う。

両腕を使って壁を作る

両脇をワンバウンドが抜けないように、両腕は体側に付け、「壁」の範囲を広める。

「敢《あ》えて両足を平行に」

0 左足準備　1 右足ステップ　2 左足ステップ　3 スロー

左足より右足を前に

前もって左足を半歩から1歩前にステップしておく。絶対に自分の左足より右足を前に出す。（鶴岡の場合、そうすると逆にバックステップしてしまいがちだったので、そういうタイプの捕手は）両足をスクエア（平行）にしておいてもいい。

二塁送球時の目標

二塁送球は、二塁ベース上、または二塁手側を狙って投げる。遊撃手側にそれると、タッグ（触球）が遅れ、アウトはノーチャンスになってしまう。

右足のステップに注意

自分の左足の後ろ側に右足を（バック）ステップすると、二塁送球が弱くブレる。

あとがきにかえて

この書籍における取材構成担当の私が特に「捕手」に興味を抱いたきっかけは、1990年にヤクルト監督に就任した野村克也氏の存在だった。秋季キャンプのある日の練習終了後、野村監督はひとりだった。

「何をモジモジしている。聞きたいことがあるのか？」

「唐突ですが、昔、巨人との日本シリーズでスタンカが投げた1球の状況は、どうだったのでしょうか」

「ほう、お前いくつや。当然生まれていなかっただろう」

61年（昭和36年）日本シリーズ巨人―南海第4戦（後楽園球場）。南海の1勝2敗、1点リードの9回裏2死満塁。ジョー・スタンカ投手が宮本敏雄を2ストライク1ボールと追い込んで投じた、真ん中低目の落ちる球。円城寺満球審は「ボール」とジャッジした。

野村捕手と鶴岡一人監督が抗議するも判定は覆《くつがえ》らず、試合再開後に宮本が外角ストレートをライトに逆転サヨナラタイムリー。南海は、勢いに乗った巨人の6年ぶり日本一を許す。「円城寺、あれがボールか秋の空」（詠《よ》み人知らず）との句がある。「見逃しストライクで勝ったと思った瞬間、尻を少し浮かせた。際どいところだったが、ワシがドッシリ構えて捕っていればストライクのコールだったかもしれない。0・1秒早かった。悔やんでいる」。このやり取り以来、野村監督は私に目をかけてくれた。

野村監督就任と同じ90年、ヤクルトに古田敦也捕手が入団し、捕手初の新人ゴールデングラブ賞を受賞した。翌91年、私が所属していた『週刊ベースボール』誌上で、古田捕手が尊敬していた強肩・梨田昌孝氏（当時評論家）との対談企画が組まれた。

だが、「元大捕手の登場に私は大緊張して対談をろくに「リード」できなかった。対談終了後は180センチの大男2人が歩くあとを、「敗戦」を喫した小柄な私は、傷心のままトボトボとついていくだけだった。

今回はあの33年前のリベンジを果たす覚悟で質問を重ねた。梨田氏の「リードにはある種の定義がある」という話は、目から鱗が落ちる思いだった。他方、梨田氏の温かい人柄は、伊東勤氏や鶴岡慎也氏の項でも登場する理由が分かる気がした。

92年と93年の西武との日本シリーズ激闘で、ヤクルトは「西武の頭脳」伊東勤捕手の存在を恐れた。西武番記者になることがなかった私は、延べ39投手にもタイトルを獲らせた名捕手の技術をやっと聞くことができた。

一方、高校出捕手ながらドラフト1位の高評価でプロ入りし、毎年優勝とゴールデングラブ賞の「両手に花」、エリートコースを歩んだ伊東捕手にも、知られざる葛藤があったことを知れた。

朴訥《ぼくとつ》な語り口調で、また懇切丁寧な実技説明には感激した。「後進のために捕手の引き出しの中身を伝えたい」と言う伊東氏のお役に、少しは立てただろうか。

西山秀二氏の「エエんじゃ、走られても。ワシ、あとは打たれんから」と、北別府学投手と佐々岡真司投手が「思い切り左足を上げて投げていた」という話には笑わせてもらった。なのに、西山捕手の6年連続盗塁阻止率約4割は特筆ものだ。

北別府投手が意地になって外角スライダーを1センチずつ内側に入れてきたという逸話には、私は思わず「捕手の世界」に引き込まれた。テンポよくサインを出して佐々岡投手のノーヒットノーランをアシストしたリード同様、西山氏は話術が巧みで「捕手が打っている間は、首脳陣に何も文句を言われない」という本音も面白かった。

野口寿浩捕手がヤクルト時代、名捕手・古田選手と（野村監督の息子）カツノリ捕手に挟まれて苦労したことをリアルタイムで見ている。日本ハムに移籍して、2度オールスター出場を果たした際は、陰ながら拍手喝采《かっさい》を送った。

野口氏とは2003年の阪神移籍後に取材で会って以来、実に20年ぶりの再会だった。プロ野球OBクラブなどのYouTube出演における理路整然とした捕手論は分かりやすく、いつか教えを受けたいと考えていた希望が実現した。

1番若い鶴岡慎也氏。最初、「捕手の構えで、左手の人差し指を下に向ける」との説明は一瞬聞き間違いかと思った。栗山英樹監督がWBCブルペン捕手を鶴岡氏に依頼したのも、そのキャッチングの巧みさゆえだろう。ダルビッシュ有投手をはじめ、日本が誇る超一流投手たちの調整、世界一にひと役買った。

また、フレーミングの流行や「動作解析、データ数値化」の現状など、日進月歩の野球技術を解説してくれた。北海道では『ツルのひと声』というコラムが大人気だ。近い将来「ダル監督、ツル・ヘッドコーチ」の時代が必ずや到来すると期待している。

最後になるが、ずっと書きたかった「捕手オムニバス」の書籍。このような機会をくださった日本写真企画の片村社長、藤森編集長に、この場を借りて心から御礼を申し上げ、あとがきにかえさせていただく。

〈取材構成・飯尾哲司〉

参考

梨田昌孝『超野球学』（ベースボール・マガジン社）
伊東　勤『勝負師』（ベースボール・マガジン社）
野口寿浩『キャッチャー完全マスター』（ベースボール・マガジン社）
鶴岡慎也『超一流の思考法』（ソフトバンククリエイティブ）
野村克也『私の教え子ベストナイン』（光文社）
谷繁元信『勝敗はバッテリーが8割』（幻冬舎）
矢野燿大『左手の記憶』（竹書房）
古田敦也『フルタの方程式』（朝日新聞出版）

捕手論。

梨田昌孝、伊東 勤、西山秀二、野口寿浩、鶴岡慎也

発行日	2024年11月27日　初版第1刷発行
著者	梨田昌孝、伊東 勤、西山秀二、野口寿浩、鶴岡慎也
発行人	片村昇一
発行所	株式会社日本写真企画 〒104-0032 東京都中央区八丁堀4-10-8 第3SSビル601 TEL/03-3551-2643　FAX /03-3551-2370
デザイン	宮原雄太（ミヤハラデザイン）
取材構成	飯尾哲司
編集	藤森邦晃
写真撮影	笠井義郎（鶴岡慎也）
印刷・製本	シナノ印刷株式会社

ISBN978-4-86562-196-9　C0075　Printed in Japan